Traduzidos dos respectivos originais, com introduções e notas explicativas, esta colecção põe o leitor em contacto com textos marcantes da história da filosofia.

Arrependimento
e Renascimento

Título original:
Reue und Wiedergeburt

Desta tradução © Paulo Lima, Isabel Campos e Edições 70, 2018

Tradução: Paulo Lima e Isabel Campos

Revisão: Edmundo Vale Cruz

Capa: FBA

Depósito Legal n.º ????

Biblioteca Nacional de Portugal – Catalogação na Publicação

SCHELER, Max, 1874-1928

Arrependimento e renascimento. - (Textos filosóficos)
ISBN 978-972-44-2059-2

CDU 141

Paginação:
João Félix – Artes Gráficas

Impressão e acabamento:
?????
para
EDIÇÕES 70
Julho 2018

Todos os direitos reservados por Edições 70

EDIÇÕES 70, uma chancela de Edições Almedina, S.A.
Avenida Engenheiro Arantes e Oliveira, 11 – 3.º C – 1900-221 Lisboa/Portugal
e-mail: geral@edicoes70.pt

www.edicoes70.pt

Esta obra está protegida pela lei. Não pode ser reproduzida,
no todo ou em parte, qualquer que seja o modo utilizado,
incluindo fotocópia e xerocópia, sem prévia autorização do Editor.
Qualquer transgressão à lei dos Direitos de Autor será passível
de procedimento judicial.

Max Scheler
Arrependimento e Renascimento

Nota prévia

Esta tradução baseou-se na seguinte edição: Max Scheler, *Vom Ewigen im Menschen*, org. Maria Scheler, Bern/München, Francke Verlag, 1954, 1968 (5.ª ed.), pp. 27-59. Como se diz no «Posfácio da editora» (*ibidem*, p. 453), o ensaio de Scheler foi originalmente publicado, sob o título «Para a apologética do arrependimento» (*Zur Apologetik der Reue*), no primeiro caderno de 1917 da revista trimestral *Summa* (Hellerauer Verlag, pp. 53ss.). A numeração dentro de parênteses rectos no corpo da tradução diz respeito à paginação da edição alemã.

Os tradutores devem uma palavra de agradecimento ao Professor Doutor Carlos Morujão (Universidade Católica Portuguesa), à Professora Doutora Maria do Céu Patrão Neves (Universidade dos Açores) e à Dra. Suzana Ramos, editora da Edições 70, sem a sua colaboração esta publicação não teria sido possível.

Paulo Lima
Isabel Campos

[27] Arrependimento e Renascimento

[29] Nos impulsos da consciência moral, nos seus alertas, aconselhamentos e condenações, o olhar espiritual da crença percebe, sempre, os contornos de um juiz invisível, infinito. Estes impulsos aparecem como uma linguagem desprovida de palavras, natural, com que Deus fala com a alma – e cujas instruções dizem respeito à salvação dessa alma individual e do mundo. Há uma pergunta que não deve ser decidida aqui: se é, em geral, possível desligar, desta interpretação enquanto interpretação de uma «voz» secreta e de uma linguagem de sinais da parte de Deus, a unidade particular e o sentido dos, assim chamados, impulsos da «consciência moral» – de tal modo que a *unidade* daquilo que designamos por «consciência moral» ainda continuasse, em geral, a subsistir. Duvido disso e creio antes que, sem a co-percepção (*Mitgewuhrung*) neles de um juiz santo, estes próprios impulsos se desintegrariam numa multiplicidade de processos (sentimentos, imagens, juízos) e creio que já não estaria à disposição, em

geral, nenhum fundamento para a captação da sua unidade. Também não me parece ser preciso nenhum autêntico acto interpretativo para, pela primeira vez, emprestar à matéria espiritual destes impulsos a função por meio da qual eles apresentam um tal juiz. Eles próprios exercem, a partir de si, esta função de apresentar Deus; e é preciso, ao invés, um fechar de olhos e um desvio do olhar para não co-vivenciar neles próprios esta função. Assim como, diferentemente da dor e da luxúria, as aparições das cores e dos sons não se dão enquanto meros estados de sensação do nosso corpo-próprio (os quais são simplesmente aquilo que são), antes se dão por natureza enquanto fenómenos objectuais que – sem a sua função de nos trazerem, em simultâneo com o seu próprio conteúdo, o anúncio dos objectos de um mundo real – não podem de todo ser «sentidos»; assim também é, por natureza, inerente a estes impulsos a relação de sentido com uma ordem invisível e com um sujeito espiritual-pessoal que preside a essa ordem. E tão pouco quanto uma «inferência causal» nos conduz desde a aparição de extensão do vermelho da bola vermelha até à existência desta, tão pouco uma «inferência causal» nos conduz desde estes impulsos até Deus. Mas, em ambos os casos, *apresenta-se* na vivência algo que é transcendente em relação ao material que o apresenta – mas algo que é, ainda assim, co-captado neste.

De entre estes impulsos da consciência moral o *arrependimento* é aquele que se comporta de modo essencialmente ajuizador e se relaciona com o passado da nossa vida. A sua essência, o seu sentido, a sua conexão com a nossa vida no seu todo e com o escopo dela são tão abissal, profunda e frequentemente mal entendidos pela *désordre du coeur* (*) do presente que é necessário, por meio de uma crítica das teorias modernas – o mais das vezes excessivamente superficiais e baratas – sobre a sua origem, sentido e valor, obter uma base sólida e desimpedida para a determinação positiva da sua essência.

A filosofia moderna costuma ver quase exclusivamente no arrependimento um acto negativo e como que altamente não-económico e, até mesmo, superficial – [30] uma desarmonia da alma, que se faz remontar a ilusões da mais diversa índole, a uma irreflexão ou a uma doença.

Quando o leigo em medicina percepciona num corpo eczemas, supurações, abcessos ou as transformações pouco atractivas – ligadas à cura de feridas – da pele e dos tecidos, não pode, na maioria das vezes, ver nisso mais do que sintomas de doenças. Só o anatomista patológico lhe pode mostrar pormenorizadamente que estas aparições são, ao mesmo tempo, vias altamente elaboradas e complexas, nas quais o organismo se liberta de certos venenos, para deste modo se curar a si mesmo; mais: que, frequentemente, através dessas vias são de antemão controladas lesões sob as quais o organismo sofria

---

(*) «Desordem do coração» (em francês no original). (*N. do T.*)

sem o assomar delas. Desde logo, o simples tremer não é apenas um sintoma do estar cheio de frio, mas também um meio de nos aquecermos. A nossa natureza contém graus peculiares do seu ser – espírito, alma, corpo-próprio, corpo – que não podem ser reconduzidos a um único, como pretendem os monismos superficiais. Mas, de todo o modo, nos primeiros três graus encontram-se leis que mostram uma profunda analogia entre si. Também o arrependimento – além (ou melhor, na sequência) da sua função negativa, repreensiva – tem uma função positiva, libertadora, construtiva. Só ao olhar superficial é que o arrependimento aparece como mero sintoma de qualquer desarmonia interna da nossa alma, ou até mesmo como um fardo desnecessário que nos paralisa mais do que nos incentiva. Diz-se: não nos fixa o arrependimento a um passado, o qual evidentemente está terminado e é inalterável – e cujo conteúdo, como destacam os deterministas, se desenrolou precisamente como tinha de se desenrolar na plena doação de todas as causas do comportamento de que nos arrependemos? «Não te arrependas, faz antes melhor» – ordena-nos, por conseguinte, o dito jovial com o sorriso de uma amistosa, bem-intencionada indignação. Segundo este juízo, o arrependimento não deve ser só um «fardo desnecessário»; a sua vivência também repousa ainda sobre a forma de um auto-engano peculiar. Este não consiste só no facto de nós, erguendo-nos por assim dizer contra algo real no passado, fazermos a tentativa absurda de expulsar do mundo esse algo real e de inverter a direcção do fluxo do tempo, no qual a nossa vida flui para diante; ele consiste também no facto de nós fazermos sub-repticiamente equivaler o Eu que se arrepende do acto ao Eu que levou a cabo o acto – quando o Eu, por meio dos processos da alma, se tornou desde o acto (ou melhor, por meio do próprio acto e dos seus efeitos) um outro Eu do ponto de vista do conteúdo, a despeito de toda a sua mesmidade. Porque agora julgamos poder renunciar ao acto, imaginamos – diz-se – a possibilidade de poder ter renunciado a ele também naquele momento em que o cometemos. Mais ainda, julgam outros: no acto de arrependimento, confundimos a imagem do acto, a qual temos na lembrança (*Erinnerungsbild*), com o próprio acto. A dor, o sofrimento, a tristeza – os quais o arrependimento inclui – estão colados precisamente a esta *imagem*; eles não estão colados ao acto, que ficou lá atrás tão quieto e silencioso – e só nos seus efeitos (dos quais também esta imagem é ainda um efeito) [31] convincente para o entendimento. Mas agora, ao recolocarmos em geral esta imagem presente da lembrança no ponto temporal (*an die Zeitstelle*) do acto e no lugar (*an die Stelle*) dele, o próprio acto nos parece travestido daquele carácter que é apenas uma reacção sentimental a este efeito presente da sua imagem.

Deste modo «psicologista» também Nietzsche, por exemplo, procurou esclarecer o arrependimento como uma espécie de ilusão interna. O criminoso arrependido, julga ele, não é capaz de suportar a «imagem do seu acto» e «calunia» o seu próprio acto por meio desta «imagem». Nietzsche mantém que o arrependimento, tal como a «má-consciência» em geral, surge pelo facto de ânsias – mais tarde contidas mas antes disso livremente exercidas contra o próximo (*Mitmensch*) – de ódio, de vingança, de crueldade e de toda a forma de infligir dor se voltarem agora (por via do Estado, da civilização, do direito) contra a matéria de vida do seu portador e se satisfazerem nele. «Em tempos de paz o homem bélico precipita-se sobre si mesmo.» (*) Um pouco menos «bravia» do que esta hipótese é a representação segundo a qual o arrependimento é, em si mesmo, algo como uma vingança ou um ajustar de contas consigo próprio – um mero desenvolvimento de uma espécie de auto-punição que, na sua forma mais primitiva, não tem necessariamente de encontrar apenas algo avaliado como «mau» e que, quando o resultado mostra que se agiu contra o benefício próprio ou então se fez algo «falso», também tem lugar nas expressões «eu poderia arrancar os meus cabelos por ter feito isto», «eu poderia esbofetear-me». Se o impulso de vingança de um lesado B contra o lesador A é desencadeado pela simpatia de um terceiro para com o lesado (mais tarde pela assunção deste papel de terceiro, C, pelo Estado e pela autoridade), portanto por um impulso para ajustar contas como que desindividualizado, então

---

(*) Citação de Nietzsche, *Para além do bem e do mal*, aforismo 76. (*N. do T.*)

poder-se-ia pensar que tal impulso para ajustar contas, o qual entra em funcionamento em todo o caso de «injustiça», se apoderava deste impulso de auto-punição agora mesmo assinalado, de tal modo que seria exigido um ajustar de contas também quando se é o próprio executor do delito ou da injustiça que exige o ajustar de contas. Salienta-se que, nesta teoria, se considera a vontade de satisfação e de penitência como anterior ao arrependimento autêntico e que, nessa vontade, não se vislumbra tanto uma consequência do arrependimento quanto a sua causa. O arrependimento seria, de acordo com isto, uma vontade de penitência interiorizada.

Por fim, menciono ainda três «ideias modernas» muito apreciadas sobre o arrependimento: a teoria do medo, a teoria da «ressaca» e aquela concepção do arrependimento como uma doença da alma que é diferente – segundo o grau e não segundo a essência – de uma auto-acusação, de um auto-ferimento patológico e de manifestações tais como um «remexer luxurioso nos próprios pecados»: numa palavra, diferente de qualquer espécie de adição espiritual ao sofrimento (*).

A teoria do medo é certamente a representação mais difundida na teologia, filosofia e psicologia da

---

(*) Nas páginas que se seguem, Scheler produz uma determinada categorização de várias teorias sobre o arrependimento que foram desenvolvidas – como o próprio Scheler refere um pouco adiante neste texto – por autores como Espinosa, Kant e Nietzsche. (*N. do T.*)

Idade Moderna. Segundo esta, o arrependimento «não é senão» (a maior parte das teorias «modernas» têm, de facto, tal forma: «não é senão») «um [32] desejo do tipo: gostaríamos de não ter feito algo», o qual está fundado num medo que, antes de qualquer punição possível, ficou por assim dizer sem objecto. Portanto, sem um sistema de punição prévio também não há arrependimento. Só a falta de uma determinada representação do mal da punição, do punidor, do procedimento da punição, da espécie de punição, do lugar e do tempo do acto da punição constitui, de acordo com isto, a diferença entre o sentimento de angústia que reside no arrependimento e o medo habitual da punição. De acordo com isto, o arrependimento seria, do ponto de vista genético, um eco de anteriores experiências de punição, mas de tal modo que os membros da cadeia de associação que estão entre a imagem da acção e o mal da punição experienciado foram suprimidos; talvez o arrependimento seja, como o darwinista gosta ainda de acrescentar, um trajecto de associação – fixo, que já nasce com o indivíduo enquanto sua herança – entre ambas as coisas. De acordo com isto, o arrependimento seria a cobardia, que se tornou num tipo de constituição, de assumir as consequências das suas acções e seria, ao mesmo tempo, uma fraqueza da lembrança útil para a espécie.

O arrependimento não seria uma referência a um juiz divino. Em vez disso, ele seria a polícia de ontem interiorizada.

A outra concepção do arrependimento, a «teoria da ressaca», encontramo-la um pouco mais raramente na filosofia, bastante mais frequentemente na vida prática. O arrependimento – diz-se – é, na sua forma primitiva, um estado de depressão, que costuma aparecer por meio do relaxar da tensão que acompanha a acção e por meio de eventuais consequências nocivas e desagradáveis da acção. Portanto, o arrependimento é, por natureza, uma espécie de «ressaca moral» que – não há dúvida – encontra ulteriormente uma interpretação «mais elevada» por meio do juízo. Em particular, excessos na satisfação de impulsos sensoriais (no comer, beber, nas relações sexuais, no viver bem, etc.) e as suas consequências depressivas formaram, de acordo com isto, a base para uma triste disposição do ânimo, na qual ulteriormente condenamos esses excessos: *omne animal post coitum triste* e «prostitutas quando jovens, beatas quando velhas» (*). A observação, sem dúvida acertada, de que também fora desta esfera do que é nocivo para a saúde outros infortúnios estabelecem as condições para o arrependimento constitui outro apoio aparente para esta concepção.

Para *todas* estas visões referidas, o arrependimento é, naturalmente, um comportamento não só desprovido de sentido mas também de finalidade. É em especial o predicado «desprovido de finalidade»

(*) Scheler cita aqui um adágio latino («todo o animal fica triste depois do coito») e um adágio alemão. (*N. do T.*)

o predilecto, por meio do qual o arrependimento é depreciado pela multidão dos homens de hoje. [Espíritos] mais subtis acrescentam ainda que o arrependimento não só é desprovido de sentido, mas também é nocivo, pois só pode actuar inibindo a acção e a vida e, tal como o puro ajuste de contas, encerra um desagrado, que de modo algum se pode legitimar por meio do seu poder de eficiência para aumentar a soma de prazer da vida no seu todo. Pois, se o arrependimento por vezes também incentiva a boas resoluções e ao aperfeiçoamento, não é todavia necessário para isso e pode muito bem ser dispensado no decurso desse processo. E por que deve haver um arrependimento no final [33] da vida, pouco antes da morte, quando ele se costuma impor com um poder especial, se este significado do arrependimento como algo que aperfeiçoa não lhe é atribuído senão por vezes? Muito mais do que como algo que aperfeiçoa, o arrependimento actua, durante a vida, sempre já como inibidor desta, ao acorrentar-nos a um passado inalterável.

Todos estes esclarecimentos do e acusações ao arrependimento – de Espinosa até Nietzsche, passando por Kant – repousam em graves erros. O arrependimento não é um fardo nem uma auto-ilusão, não é um mero sintoma de desarmonia da alma nem um objecto de arremesso absurdo, que a nossa alma direcciona contra o passado e o inalterável.

Pelo contrário, o arrependimento é, considerado já do ponto de vista puramente moral, uma forma de *auto-restabelecimento* (*) da alma – sim, o único caminho para a re-obtenção das suas forças perdidas. E, do ponto de vista religioso, o arrependimento é muito mais ainda: é o acto natural que Deus empresta à alma, para esta regressar a Ele, se d'Ele se afastou.

Uma das principais causas do desconhecimento da essência do arrependimento (e aquela que está na base de todos os «esclarecimentos» referidos) é uma representação falsa a respeito da conexão estrutural interna da nossa vida espiritual. De modo algum se pode compreender plenamente o arrependimento sem o integrar numa intuição global mais profunda da peculiaridade do nosso fluxo de vida na sua relação com a constância da nossa pessoa. Isso torna-se desde logo saliente quando se investiga o sentido do argumento segundo o qual o arrependimento é uma tentativa, desprovida de sentido, de anular algo sucedido no passado. Se a nossa existência pessoal fosse uma espécie de

---

(*) «Auto-restabelecimento» traduz aqui *Selbstheilung*. Este termo pode ser usado quer num âmbito moral (em que poderia ser traduzido por «salvação própria») quer num âmbito médico. Embora o presente contexto seja manifestamente de natureza moral, decidimo-nos pela versão «auto-restabelecimento», que acentua a ligação com o contexto médico, pois Scheler refere-se expressamente ao auto-restabelecimento não do corpo, mas *da alma*. A analogia entre o universo da moral e o da medicina é, aliás, uma constante no texto de Scheler: vejam-se os casos de *Heil* (que traduzimos por «salvação», mas que significa também «cura») e *Besserung* (vertido para «aperfeiçoamento», mas que quer dizer igualmente «melhoria do estado de saúde»). (*N. do T.*)

corrente, que avançasse no mesmo tempo objectivo em que decorrem os acontecimentos da natureza (e o fizesse de modo semelhante a esta corrente, se bem que com outro conteúdo), então este discurso seria legítimo. Nenhuma parte desta corrente que existisse «depois» poderia voltar a uma parte que existisse «antes» ou efectuar nela uma qualquer alteração. Mas em oposição a este fluxo das alterações e movimentos da natureza morta – cujo «tempo» é um contínuo uniforme de uma [só] dimensão a partir de uma determinada direcção, sem a tripartição presente, passado, futuro – a estrutura e a ideia do *todo* da nossa vida e da nossa pessoa estão co-presentes para nós na vivência de cada um dos nossos momentos de vida, temporais e indivisíveis. Cada um destes momentos de vida, o qual corresponde a *um* ponto indivisível do tempo objectivo, contém as suas três extensões – o presente vivido, o passado vivido e o futuro –, cuja doação se constitui na percepção, na memória imediata e na expectativa imediata. Em virtude deste facto espantoso, não é a realidade, mas sim o *sentido* e o *valor* do todo da nossa vida, aquilo que, em cada ponto temporal da nossa vida, está ainda na nossa *livre* esfera de poder. Nós não dispomos só do nosso futuro; também não há nenhuma parte da nossa vida passada que [34], no cerne do seu *sentido* e *valor*, não seja ainda verdadeiramente alterável – sem que, claro está, a componente de mera realidade natural nela contida possa ser alterada tão livremente quanto a do futuro –, na medida em que ela, enquanto sentido parcial, pode ser trazida para um (sempre possível) novo encadeamento do sentido *total* da nossa vida. Se nós considerarmos as nossas vivências até um determinado ponto temporal enquanto parte de uma linha V-Z, a qual apresente uma porção do tempo objectivo – então não acontece, como na natureza morta, que sejam à vez determinados num único sentido: b por a, c por b, d por c, etc.

$$V \underbrace{}_{a \quad b \quad c \quad d \quad e \quad f \quad g}^{R} Z$$

Em vez disso, é g, a última vivência, que é fundamentalmente determinado por *toda* a série R; e, em particular, cada uma das vivências (a, b, c, d, e) é capaz de se tornar de novo «efectiva» em relação a g e a cada uma das vivências que ainda se seguem. A vivência que fica para trás é capaz de tal, sem que ela mesma – ou uma, assim chamada, «imagem» dela – tenha primeiramente de entrar, enquanto parte da [sua] configuração, no momento f, que ocorre imediatamente antes de g. Mas uma vez que a plena efectividade de uma vivência na conexão da vida co-pertence ao seu *pleno* sentido e ao seu valor *definitivo*, então cada vivência do nosso passado está também ainda *inacabada* quanto ao valor e *indeterminada* quanto ao sentido, enquanto não tiver executado *todas* as efectividades que lhe são possíveis.

Só visto no todo da conexão da vida, só se nós morrermos (mas nunca na assunção de um sobreviver), é que uma vivência se torna naquele facto «imutável», de sentido acabado, tal como são intrinsecamente os acontecimentos da natureza que ficam para trás no tempo. Antes do fim da nossa vida, todo o passado, pelo menos segundo o conteúdo do seu sentido, equivale sempre ao problema: *que devemos nós fazer com ele*. Pois pelo simples facto de uma parte do conteúdo objectivo do tempo se tornar no nosso passado, isto é, pelo simples facto de ela entrar nesta categoria de extensão da vivência, é-lhe roubada aquela fatalidade e acabamento que os processos da natureza já decorridos possuem. Enquanto passado, este conteúdo temporal torna-se «nosso»; ele é subordinado ao poder da *pessoa*. Medida e espécie da efectividade de cada parte do nosso «passado» sobre o sentido da nossa vida estão, portanto, em *cada* ponto temporal da nossa vida ainda em nosso poder. Esta proposição é válida para cada «facto» com a natureza (*Wesen*) de um «estado de coisas histórico», seja da vida individual, seja da vida do género [humano] ou da história do mundo. O *«estado de coisas histórico» está inacabado e é, por assim dizer, redimível*. É certo que tudo o que, na morte de César, pertence aos acontecimentos da natureza é tão acabado e invariável quanto o eclipse do sol que Tales previu. Mas aquilo que nisso é um «estado de coisas histórico», portanto aquilo que é unidade de sentido e efectividade na trama de sentido da história humana a ele associada – isso é um ser inacabado e que só está acabado no fim da história do mundo.

[35] Todavia, a nossa natureza tem em si forças espantosas para se desvincular da distante efectividade de um ou outro membro da série de vivências do nosso passado. Desde logo, esta função do nosso espírito – a qual é comum tomar falsamente por um factor que, pela primeira vez, torna o passado efectivo na nossa vida –, a clara, objectiva *lembrança* do respectivo acontecimento, é uma dessas forças. Pois justamente aquilo que, com base no princípio da efectividade psíquica acima discutido, continua secretamente vivo e efectivo em nós – é justamente isso que, por meio do distanciamento, por meio da objectificação, por meio da localização e da datação fixas, os quais o raio gélido do conhecimento leva a cabo, é tocado no nervo da vida, o qual é a fonte de força do acto de lembrança no que respeita à sua efectividade. Se a pedra que cai fosse capaz de se lembrar, numa determinada fase da sua queda, da fase precedente – a qual apenas determina a pedra, na fase seguinte, a continuar a cair segundo uma lei subsistente –, a lei da queda seria imediatamente anulada. Pois a lembrança é apenas o começo da *liberdade* em relação à violência obscura do *ser* e do *suceder* lembrados. Ser lembrado – isso é justamente o modo como as vivências costumam despedir-se do nosso núcleo de vida. É o modo como elas se afastam do centro do Eu, cuja atitude global em relação ao mundo elas anteriormente co-condicionavam; e é o modo no qual elas perdem o seu mero efeito

de *embate* – o modo como elas vão morrendo para nós. Tampouco a lembrança é, pois, um elemento no, assim chamado, «fluxo de uma causalidade psíquica», de sorte que ela em vez disso interrompe esse fluxo e detém partes dele. Tampouco ela comunica a efectividade da nossa vida anterior ao nosso presente, de sorte que ela, em vez disso, nos redime da fatalidade desta efectividade. A história sabida torna-nos *livres* do *poder* da história vivida. Também a ciência da história, por contraste com a unidade sequencial de processos de grupo humano-espirituais (a qual se agrega por meio das forças da chamada tradição), é, antes de mais, a *libertadora* da determinação histórica.

Tem de se inserir também o fenómeno do *arrependimento* nesta conexão geral de pensamento. Arrependermo-nos quer dizer, primeiramente, ao voltarmo-nos para uma porção do passado da nossa vida, cunhar nessa porção um novo elemento de sentido e um novo elemento de valor.

É-nos dito: o arrependimento é um arremesso sem sentido que nós dirigimos contra algo «inalterável». Mas nada na nossa vida é «inalterável» no sentido que este argumento pretende. Tudo é redimível, na medida em que há unidade de sentido, de valor e de efeito. Justamente este arremesso «sem sentido» modifica o «inalterável» e introduz, de um novo modo e com uma nova orientação de efeito, o estado-de-coisas sem valor do qual nos arrependemos – «o facto de eu ter feito isto», «o facto de eu ser assim» – na totalidade da nossa vida. É-nos dito: o arrependimento é absurdo, pois nós não possuíamos nenhuma liberdade e tudo tinha de acontecer como aconteceu. Certamente, se alguém não tivesse nenhuma liberdade, não [36] se poderia arrepender. Mas, mesmo assim, arrependei-vos – e vereis como, na execução justamente deste acto, vos tornareis naquilo que pretendestes considerar, da primeira vez de forma tonta, como «condição» do sentido deste acto, a saber: «livres»! Tornar-vos-eis «livres» da força da corrente da culpa e do mal na vida passada, que [tudo] arrasta e devasta; «livres» da férrea conexão de efectividade que subsiste antes do arrependimento, a qual desencadeia uma nova culpa a partir da antiga culpa e assim faz crescer, como uma avalancha, a pressão da culpa. Não é a culpa de que nos arrependemos, mas apenas a de que *não* nos arrependemos, que exerce aquela violência marcante e aprisionadora sobre o futuro da vida. O arrependimento mata o nervo vital da culpa por meio do qual ela continua efectiva. Ele expulsa o motivo e o feito, o motivo e a sua raiz, *para fora* do centro vital da pessoa e torna com isso possível o livre, espontâneo início, o começo virgem de uma nova série vital, a qual pode agora irromper do centro da personalidade que, por força do acto de arrependimento, não mais está aprisionada. Portanto, o arrependimento tem como efeito um rejuvenescimento moral. Forças jovens, ainda livres de culpa, dormem em cada alma. Mas elas estão inibidas – sim, estão como que sufocadas pelo mato cerrado da pressão da culpa, que ao longo da vida se acumulou e densificou na alma. Arranque-se, porém, o mato cerrado – e aquelas forças exaltar-se-ão espontaneamente. Quanto mais vós «progressivamente» fugis para diante na corrente da vida – trata-se de Prometeu apenas e nunca de Epimeteu –, tanto mais *dependentes* e *aprisionados* estais em relação à pressão da culpa de um passado. É apenas da vossa culpa que *fugis*, ao pretenderdes *conquistar* a coroa da vida. O vosso ataque é uma fuga secreta. Quanto mais vós fechais os olhos perante aquilo de que teríeis de vos arrepender, tanto mais difíceis de soltar são as amarras que pesam sobre os vossos pés ao avançarem. Mas também o comum dos indeterministas erra quando fala do arrependimento. Aquela nova liberdade, que justamente só no acto do arrependimento é *realizada*, quer ele pôr falsamente como condição para o arrependimento. Os senhores joviais dizem até: não se arrependam, antes tomem boas resoluções e tornem o futuro melhor! Mas o que os senhores joviais não dizem é o seguinte: de onde deve vir a força para pôr as boas resoluções e, mais ainda, a força para a sua execução, se a libertação da pessoa e o novo poder da pessoa sobre si mesma não forem previamente bem-sucedidos pelo arrependimento face à força de determinação do seu passado. Boas resoluções – sem uma consciência, imediatamente ligada ao acto da resolução, da *força* e do *poder* da sua execução – são justamente aquelas resoluções com as quais «o caminho para o Inferno» está pavimentado da forma mais convidativa. Este dito profundo comprova-se pela lei segundo a qual toda a boa resolução, à qual não inere a força para a sua execução, não mantém – digamos – apenas o antigo estado de alma da agonia íntima (sendo, portanto, superficial), mas adiciona à pessoa neste estado um novo sem-valor positivo (*neuer positiver Unwert*) e aprofunda e consolida o próprio estado. O caminho para a mais extrema auto-depreciação segue quase sempre [37] através de boas resoluções não-executadas, as quais não são precedidas por nenhum *recto* arrependimento. Depois da boa resolução não-executada, a alma não está no seu nível mais elevado. Mas sucede que ela se encontra muito mais profundamente decaída do que antes. Aqui, o estado de coisas paradoxal é, portanto, o seguinte: se fosse verdade que o único valor do arrependimento reside no seu possível efeito de melhoramento sobre um querer e um agir futuros, então o *sentido* imanente do acto de arrependimento teria, ainda assim, de encontrar exclusivamente apenas o mal passado – e isto *sem* ter de encontrar toda a furtiva intenção em relação ao futuro e ao fazer-melhor. Mas também esta pressuposição é errónea.

Algo semelhante se passa com a objecção segundo a qual o acto do arrependimento não diz de todo respeito ao feito e ao comportamento durante o feito, mas apenas à «imagem» da lembrança, a qual não nasceu ela mesma sem influência do facto e dos seus efeitos mais distantes. Está primariamente na base de tal discurso uma concepção completamente falsa da lembrança. *Lembrança* não consiste no facto de, na nossa consciência do presente, se encontrar uma «imagem», que só secundariamente, por meio de juízos, estaria relacionada com algo passado. No lembrar original reside, em vez disso, um ter do *próprio* estado de coisas que aparece no passado fenoménico, um viver e um permanecer nele – e não um ter de uma «imagem» presente, que só por meio de um juízo poderia ser relançada para o passado ou aí ser «assumida». Mas enquanto as chamadas imagens da memória têm lugar durante o lembrar, os seus elementos imagéticos estão já co-condicionados pela *intenção* da lembrança, pelo *seu* escopo e pela *sua* direcção. As imagens seguem esta intenção e mudam com a *sua* mudança, porém a intenção não segue casualmente ou mecanicamente, por meio de regras de associação, as imagens seguintes. O centro concreto dos nossos actos espirituais, que se estendem ao longo do curso do tempo, centro a que nós chamamos *personalidade*, pode intrinsecamente – *de jure* (*) – ver *cada* parte da nossa vida decorrida, captar o cerne do seu sentido e o do seu valor. Só os factores, que conduzem e determinam a *selecção* a partir deste âmbito de vida por princípio acessível ao acto de lembrança, são dependentes dos presentes estados do corpo e, além disso, das causas reprodutoras deles dependentes e das leis de associação desta reprodução. E, por isso, também o arrependimento

---

(*) «De direito» ou «por princípio» (em latim no original). Trata-se de uma expressão corrente nas línguas europeias modernas e que é usada por oposição a *de facto* («de facto», «com base na realidade fáctica»). (*N. do T.*)

enquanto acto é um *verdadeiro* penetrar na esfera do passado da nossa vida e uma *verdadeira* intervenção operatória nessa esfera. Ele apaga *verdadeiramente* o sem-valor moral, o carácter valorativo «mal», do respectivo comportamento; ele anula *verdadeiramente* a pressão da culpa – a qual irradia deste mal em todas as direcções – e, por conseguinte, retira desse mal aquela força de procriação por meio da qual um mal tem sempre de gerar um novo mal. A luz da *predisposição* para o arrependimento reluz – de acordo com a lei segundo a qual as determinações valorativas da nossa vida costumam estar dadas *antes* de todas as demais determinações coisais da lembrança portadoras de significado – de tal [38] modo *para dentro* do nosso passado que, por meio da sua luz, pela primeira vez nos conseguimos lembrar imageticamente de muitas coisas de que não nos lembraríamos sem ela. O arrependimento quebra aquela barreira do orgulho que só deixa despertar do nosso passado aquilo que garante satisfação a esse orgulho e o legitima. Ele anula a força natural de repressão do orgulho «natural». Ele torna-se, assim, um veículo da *veracidade* contra nós mesmos.

Neste ponto, também se torna visível de modo preciso a conexão particular que a *predisposição* para o arrependimento possui em relação ao sistema das virtudes na alma. Assim como, sem a predisposição para o arrependimento, a *veracidade* contra si mesmo não é possível, assim também a própria predisposição não é possível sem a *humildade*, a qual labora contra o orgulho natural que estrangula a alma reduzindo-a ao seu Eu pontual (*Ichpunkt*) e ao seu agora pontual (*Jetztpunkt*). Só se a humildade – enquanto sequência de vivências de uma constante transformação perante a ideia clara daquele bem absoluto que não nos vemos a satisfazer – *dissolver* as tendências do orgulho para a repressão, para o endurecimento e para o fechamento e puser novamente o Eu pontual – que, no orgulho, está como que isolado da dinâmica do fluxo de vida – numa relação fluida com este fluxo e com o mundo, só então é que a predisposição para o arrependimento é possível. O homem está endurecido e fechado muito mais por orgulho e arrogância do que por um medo de punição nascido da sua concupiscência – e está tanto mais assim quanto mais profundamente a culpa está sediada nele e quanto mais ela como que se tornou uma *parte* do seu si-mesmo. Não é a confissão mas, antes do mais, a abdicação de si perante si mesmo que é tão difícil para aquele que está fechado. Quem se arrepende plenamente do seu feito confessa também o seu feito e ultrapassa até mesmo a vergonha que, no último momento, quer cerrar os lábios ([1]).

O arrependimento tem, por isso, de ser desconhecido na sua essência, no seu sentido e na sua

---

([1]) É, pois, com razão que a doutrina da Igreja assume que o arrependimento «completo», que apaga a culpa, impulsiona espontaneamente a partir de si a preparação para a penitência, portanto para a confissão, de tal modo que, onde ela estava em falta, também o arrependimento não poderia ser considerado «completo». (*N. do A.*)

eficiência onde quer que – em conformidade com aquela concepção da lembrança que reconduz a lembrança pontual (*Erinnerungspunkt*) à reprodução das chamadas imagens da memória – seja confundido com estados que o podem bem ordenar e mais facilmente desencadear, mas que de modo algum constituem o próprio arrependimento. Está inteiramente certo que o insucesso ou as consequências prejudiciais de uma «má» acção *mais facilmente* dispõem a fraqueza humana para o arrependimento do que o resultado positivo; assim [está inteiramente certo] que, por exemplo, o dano de saúde, a doença, etc., enquanto consequências de excessos culpabilizáveis, e também o castigo, a reprimenda, com frequência só *desencadeiam* o acto de arrependimento através do mundo exterior onde ele talvez não fosse desencadeado sem este. Ainda assim, o sofrimento associado ao *arrependimento* enquanto *tal* permanece separado por um grande abismo de todos *estes* grupos de sentimentos de desagrado, os quais desencadeiam primeiramente o auto-recolhimento pleno de arrependimento. Toda uma série de falsas concepções psicológicas do arrependimento comete – desconsiderando outros [39] erros seus – justamente estas falhas fundamentais, que confundem o próprio acto do arrependimento com os *estados que dispõem* para ele.

Mas a especificidade do papel que a lembrança desempenha no acto do arrependimento não se esgota com o que foi dito. Há dois tipos fundamentalmente diferentes do lembrar, os quais podem ser designados como tipo estático e tipo dinâmico ou também como lembrança de função e lembrança de aparição. No lembrar do primeiro tipo, ao vivenciar a lembrança, demoramo-nos não junto de quaisquer conteúdos ou ocorrências isolados relativos ao nosso passado, mas sim junto do nosso *comportamento* central de outrora para com o mundo, junto da nossa *orientação* de pensamento, de vontade, de amor e de ódio de outrora; voltamos a viver o nosso comportamento total ou o ser e o comportamento das nossas determinações Eu e Pessoa de outrora. Nós «deslocamo-nos» para o nosso Eu do tempo de outrora. De forma bastante acutilante e clara, esta diferença surge à luz do dia em certas aparições patológicas. Há alguns anos, num hospício alemão, vi um velho de 70 anos que vivenciava todo o seu mundo ambiente num estádio de desenvolvimento de 18 anos. Isso não significa que este homem estivesse imerso nos *conteúdos* específicos que vivenciou quando tinha 18 anos, que visse diante de si a habitação, os homens, as ruas, as cidades, etc., que outrora constituíam o cerne do seu mundo ambiente. Em vez disso, via, ouvia, vivenciava em pleno tudo aquilo que ocorria presentemente em seu redor no quarto, mas vivenciava-o «como» o rapaz de 18 anos que foi outrora, com todas as suas disposições da vontade individuais e gerais, aspirações, orientações da esperança e do medo nessa fase de vida. O modo particular do reviver que é relativo à lembrança, tal como se acha aqui perante nós de forma extrema e enquanto sistema circunstancial, torna possível que nós saibamos não apenas aquilo que facticamente fizemos e como facticamente reagimos face ao nosso mundo ambiente particular, mas também aquilo que de cada vez teríamos de fazer, de cada vez *podemos* querer, como *teríamos* reagido face a esta ou aquela circunstância se nos deparássemos com ela. Neste lembrar, o caminho não conduz dos conteúdos da nossa vida até ao Eu que os vivenciou, mas sim do Eu que lembra, no qual nos colocamos, até aos conteúdos particulares da vida.

Mas a lembrança incluída no tipo mais elevado e mais importante do acto do arrependimento pertence à espécie da lembrança *de função*. Não é o feito, que aparece no lembrar, do passado ou do estado-de-coisas sem valor, não é o feito cuja acção executámos que é aqui o autêntico objecto de arrependimento; sucede antes que aquele Eu-elemento (*Glied-Ich*) na nossa própria pessoa total – de cujas raízes o feito, o acto da vontade, outrora fluiu – é revivido, é censurado precisamente no modo do arrepender-se e como que expulso da totalidade da pessoa. Só acerca de um predominar, na lembrança plena de arrependimento, em cada caso mais ou menos vigoroso do estado-de-coisas-sem-valor objectivo do Eu do feito e daquele Eu-elemento passado é que é permitido então falar quando também, com alguns escritores filosóficos, se diferencia arrependimento [40] de ser e arrependimento do feito ou igualmente «arrepender-se» e auto-recolhimento «pleno de arrependimento». Em particular Schopenhauer salientou repetidamente que a atitude de arrependimento mais profunda *não* é expressa pela formulação: «Ah, que fiz eu?», mas sim pela formulação mais radical: «Ah, que homem sou eu?» ou até «Que homem tenho eu de ser para que pudesse fazer tal coisa?» (*). Com isso, ele visa ainda mostrar que é precisamente o determinismo empírico que pela primeira vez confere ao arrependimento o seu pleno peso; mas, por outro lado, o carácter muito mais profundo e mais tumultuoso daquele segundo arrependimento é uma demonstração de como também aí o nosso «carácter inteligível» (Schopenhauer fá-lo falsamente equivaler ainda ao «carácter inato») é considerado como consequência de um feito livre. *Esta* concepção, porém, despedaça o sentido total do arrependimento. Um acto de arrependimento sobre o nosso ser pessoal em geral – quero dizer, sobre o modo como se constitui a sua essência – é uma impossibilidade interna. Nós podemos, em todo o caso, estar *tristes* a respeito do facto de sermos aquilo que somos, ou horrorizarmo-nos a respeito deste ser; mas, mesmo abstraindo-nos do facto de também essa tristeza a respeito da nossa essência comportar ainda a coloração desta mesma essência, não podemos arrepender-nos da nossa essência. A única coisa de

---

(*) Não se conseguiu localizar o passo em que Schopenhauer terá feito referência a estas expressões. No entanto, sobre a concepção schopenhaueriana do arrependimento, veja-se por exemplo o capítulo 47 (intitulado *Sobre a ética*) do volume II da sua obra principal, *O mundo como vontade e representação*. (*N. do T.*)

que nos podemos ainda arrepender, sem com isso exclusiva e imediatamente lançar um olhar para a série dos nossos feitos, é: que nós *outrora* fomos um tal Eu que *pôde* cometer aquele feito. Não é o feito, e também não é o nosso Eu essencial, que neste acto de arrependimento reside ao mesmo tempo «atrás» e «abaixo» de nós, mas sim aquela constituição concreta e completa do Eu a partir da qual vemos na nossa lembrança – e aqui, e sob a pressuposição desta constituição, sem dúvida que «*necessariamente*» – o feito fluir para diante.

Esta peculiar orientação do olhar daquele acto de arrependimento mais profundo, o qual não condiciona nenhuma mera «alteração» da disposição moral nem sequer meras boas resoluções, antes condiciona uma efectiva *transformação* da disposição moral, só se deixa compreender a partir do facto de o modo do nosso vivenciar-nos-a-nós-mesmos possuir determinados graus de recolecção e concentração, cuja possível mudança não é, de novo no mesmo sentido, um efeito unívoco de uma causalidade psíquica por meio da qual os processos psíquicos são, sem dúvida, causalmente determinados em cada um desses graus. A alteração daqueles graus de recolecção da própria personalidade, nos quais ela vive em cada momento, é portanto – por contraposição à lei causal que os conteúdos da vivência seguem em cada um desses níveis de recolecção – um *feito livre* da nossa pessoa total. E a esta pessoa total pertencem pois, em última instância, todas aquelas mutáveis constituições do Eu enquanto elementos vivenciados, a partir dos quais vemos necessariamente (numa mais ampla doação destas e daquelas circunstâncias) o feito fluir para diante. O acto-de-arrependimento mais profundo ganha agora, precisamente a partir disso, a sua plena compreensibilidade: que uma tal alteração livremente efectuada do *nível* de recolecção da nossa existência íntima é a aparição que o acompanha. Assim, por mais *necessariamente* que o feito nos apareça ao nível da nossa existência de outrora, por mais que ele seja «compreensível» de forma historicamente [41] rigorosa em todos os seus pormenores – *se* alguma vez quisermos estabelecer esse nível –, não era todavia *igualmente* necessário que nos encontrássemos neste nível. Nós também poderíamos alterar este nível. Nessa medida, «podíamos» também *ser* diferentemente – e não apenas *querer* e *agir* diferentemente. Por isso, este «ter podido diferentemente» também não é uma mera falsa transposição-para-trás (*Rückwärtsverlegung*), a qual repousa numa ilusão, do facto totalmente diferente de que, por exemplo *agora*, podemos diferentemente ou temos a intenção de o poder. Em vez disso, o acto de arrependimento mostra-nos *este* «poder» (*Können*), este poder-ter-exercido-da-vontade (*Willensmacht*) absolutamente central (*), como sendo no seu todo ainda

---

(*) Por via de *Können* e *Macht*, Scheler faz referência a duas noções distintas, mas relacionadas, de poder: no caso de *Können*, o poder enquanto capacidade; no caso de *Macht*, o poder enquanto exercido. Por outras palavras, Scheler aponta não só para a

uma parte-da-subsistência-do-vivido e *ele próprio* uma *anterior* subsistência-do-vivido. Mas o modo como o presente acto do conhecimento do mal na nossa constituição-do-Eu de outrora – o modo como, além disso, o ver actual do ser-melhor e do melhor que nós então também *poderíamos* ser ou fazer – se acha envolvido com a presente vivência do poder de agir melhor é bastante peculiar. Poder-se-ia primeiramente julgar que não é apenas o acto de arrependimento que efectua a alteração de nível, a elevação do nosso si-mesmo – que este acto é antes um sinal e uma consequência de nós agora estarmos acima do nosso Eu de outrora e do seu feito. De acordo com isto, poderíamos arrepender-nos *porque* agora nos tornámos mais livres e melhores. Sim, só comparado com o «poder», agora vivenciado, do melhor é que cairia então sobre o nosso estado anterior e o seu feito a sombra de uma não-liberdade culpabilizável, na qual vemos agora essa não-liberdade residir profundamente abaixo de nós. Mas a coisa não se deixa conduzir a um Ou-Ou tão simples, tão racional. O carácter peculiar do acto de arrependimento é antes que, no *mesmo* acto que dolorosamente rejeita, também a ruindade do nosso Eu e do nosso feito se torna, pela primeira vez, evidente para nós; e que no mesmo acto – o qual, a partir da posição «mais livre» do novo nível da vida, parece racionalmente

---

circunstância de sermos capazes de agir de modo diferente, mas também para a circunstância de podermos ter exercido ou actualizado tal capacidade. (*N. do T.*)

compreensível – esta posição mais livre é ela própria alcançada por meio de uma ascensão. Portanto, o acto de arrependimento é, em certo sentido, anterior ao seu ponto de partida e ao seu ponto de chegada, anterior ao seu *terminus a quo* e ao seu *terminus ad quem* (*). Só no acto de arrependimento é que se abre para nós, por isso mesmo, o conhecimento pleno e evidente daquele ter podido algo melhor. Mas este conhecimento não *cria* nada; ele é conhecimento, penetração da nebulosidade de outrora através dos impulsos. Ele não cria nada, só indica.

Este aspecto extremamente misterioso do acto de arrependimento vivo e mais profundo – o facto de nele, designadamente no curso da sua dinâmica contínua, ser vista toda uma existência (*Existenz*) superior, ideal, enquanto existência possível para nós: uma intensificação possível, fundada na recolecção, da elevação de nível do ser-aí (*Dasein*) espiritual, de tal modo que agora vemos profundamente abaixo de nós todo o antigo estado do Eu – isto deu ocasião a várias dificuldades também no interior das construções teológicas. Em particular, de modo análogo, esta questão serve concomitantemente de base também quando a relação do enfraquecimento divino da culpa com a nova qualidade do homem que se efectiva pela graça santificadora é chamada a depor. [42] Só a graça livre que surge no arrependimento «completo» pode, ao que parece,

---

(*) *Terminus a quo* e *terminus ad quem* são as expressões latinas para «ponto de partida» e «ponto de chegada». (*N. do T.*)

verdadeiramente apagar e anular a culpa religiosa; não pode, portanto, meramente fazer que, como em Lutero, Deus feche os olhos diante da culpa e não a «tenha em conta», enquanto o homem continua a persistir no pecado e na culpa. Mas, por outro lado, a anulação da culpa parece ela mesma ser, inversamente, uma *condição* para a admissão da graça. Pois tanto a graça quanto o estado de vida superior condicionado por ela só podem ter lugar no homem na medida em que a culpa já está afastada dele. Muitos teólogos, por exemplo M. Scheeben, usam aqui a feliz imagem: a culpa recua precisamente diante da graça que penetra na alma «tal como a escuridão diante da luz» ([2]).

Deste modo, o arrependimento já não parece pressupor agora aquele elevar de nível do ser moral, o qual todavia o arrependimento deve pela primeira vez proporcionar. É, portanto, *um e o mesmo* acto dinâmico – por meio do qual se cumpre tanto o escalar do Eu (até uma altura, possível para ele, da sua essência ideal) quanto o ver abaixo de si que ascende – a repreensão e a expulsão do antigo Eu.

Tal como, no mesmo acto de subir a uma montanha, o pico se aproxima de nós e *vemos* o vale afundar-se debaixo dos nossos pés e vivenciamos ambas as imagens condicionados por este acto, assim também a pessoa, no arrependimento, leva a cabo uma

---

([2]) Cf. Matthias Scheeben, *Os Mistérios do Cristianismo*, Friburgo, 1912, p. 531. (*N. do A.*)

escalada e ao mesmo tempo vê a constituição do Eu mais antiga abaixo de si.

Quanto mais o arrependimento se move do arrependimento do feito até ao arrependimento do ser, tanto mais ele agarra a culpa vista pela *raiz*, para a expulsar da pessoa e com isso devolver-lhe a sua liberdade para o bem; tanto mais o arrependimento conduz da dor a respeito de um feito individual até àquela completa «contrição do coração», a partir da qual a força regenerativa que habita no arrependimento edifica um «novo coração» e um «novo homem». Nesta medida, o arrependimento toma também o carácter do autêntico *arrependimento da conversão* e conduz, por fim, da versão de novas boas resoluções, através da alteração da disposição moral, até à genuína *transformação* da disposição moral; sim, até ao «renascimento», no qual a raiz última dos nossos actos morais – o centro espiritual da pessoa – se parece incendiar e construir de novo a si mesma (sem prejuízo da sua identidade formal e individual) nas suas intenções materiais últimas.

Ainda há algo a dizer sobre duas das teses cépticas anteriormente referidas: sobre a teoria do medo e a teoria da ressaca.

Já no protestantismo nascente a *teoria do medo* desempenha um papel importante. Lutero e Calvino põem a essência da própria contrição nos «terrores conscientiae» (*), nos quais a angústia perante o Inferno se instala segundo uma evidência sobre

---

(*) «Terrores da consciência» (em latim no original). (*N. do T.*)

a falta de força do homem para cumprir a lei. Para Lutero, este temor – no caso do homem que sente o peso do seu pecado e a sua necessária insuficiência perante a lei de Deus – é o único motivo que impele a que se assegure da justificação por meio da crença [43] no sangue, redentor dos pecados, de Jesus e na satisfação efectivada por este sangue e na misericórdia de Deus. Na medida em que Jesus, com a plenitude dos seus méritos, como que «cobre» perante os olhos de Deus o coração humano que peca e até à morte continua a pecar, «o pecado não é tido em conta» contra o pecador – isso quer precisamente dizer: a punição do pecado é abandonada. A «boa resolução», bem como uma certa diminuição dos pecados, são pela primeira vez esperadas pela vivência, já ocorrida, desta misericórdia de Deus plenamente imerecida e pelo novo estado de graça que com isso é concedido. A resolução está aqui, portanto, plenamente separada do arrependimento. Nem um verdadeiro apagamento da qualidade da culpa – como nós a encontrámos enquanto estado de coisas –, nem uma santificação subsequente, a qual traria à alma uma nova *qualidade* santificadora em lugar da culpa, é de acordo com isto o sentido do «perdão» divino dos pecados. Em vez disso, todo este sentido é somente o abandono da punição e a aceitação – que é inapreensível e contraria já plenamente a omnisciência de Deus – do pecador; que Deus agora já não «olhe» para os seus pecados.

Mas também a filosofia moderna começa logo com a teoria do medo: «O arrependimento (segundo

Espinosa, *Ética*, IV, 54.ª proposição) não é nenhuma virtude e não provém da razão; mas antes aquele que se arrepende de um feito está duplamente pressionado e incapaz.» Pois quem se arrepende de um feito sofre duplamente, na medida em que «se deixa vencer primeiro por um desejo repreensível e, depois, ainda por um desagrado a respeito disso». Também Espinosa deriva o arrependimento (este «desagrado, acompanhado pela ideia do feito que cremos ter cometido a partir de uma livre decisão do espírito», como reza a sua totalmente impossível definição) do medo. Segundo o escólio relativo a esta definição, o arrependimento é uma consequência da repreensão e das punições por via do mundo ambiente, ou seja, um medo que, partindo do efeito, se liga à ideia do feito que para nós vale como «injustiça». «Consoante a sua educação, portanto, o homem arrepende-se de um feito ou vangloria-se do mesmo.» O arrependimento, por conseguinte, é para Espinosa apenas uma virtude relativa, designadamente, uma virtude apenas para o povo. «O povo é temível na medida em que não teme.» Todavia, o arrependimento não é uma virtude para o «homem livre»; este é conduzido pela própria razão.

Aquilo que contradiz de modo radical esta teoria do medo é, antes do mais, o facto de, ao invés, costumar ser precisamente o medo que de todo não nos deixa alcançar aquele estado de ânimo da recolecção no qual o arrependimento autêntico é pela primeira vez possível. O medo direcciona a nossa atenção e o nosso interesse para o exterior – para o perigo que se aproxima. Enquanto o criminoso se sabe perseguido, ele, como tipo activo, defenderá teimosamente o seu feito – e toda a energia recairá na tarefa de «não se deixar apanhar». Por sua vez, como tipo passivo, deixar-se-á derrubar pelo medo e render-se-á de mau grado ao seu destino. Se, em ambos os casos, nada mais o impediria [44] na execução do acto do arrependimento – o medo, precisamente, fá-lo-ia. Em vez disso, só quando ele se sabe *fora* de todo e qualquer perigo é que consegue encontrar aquela «recolecção» que pressupõe o arrependimento genuíno. Só então é que encontra aquele absoluto *estar-só* consigo mesmo e com o seu feito, sem o qual não há arrependimento algum. Abstraindo-nos disso, somos capazes de estabelecer, do modo mais claro possível na nossa consciência, uma diferença entre o arrependimento, que se dirige para trás, a respeito de um feito e o medo que simultaneamente ocorre e se dirige para o futuro; e, com isso, somos capazes de verificar como ambos se desenrolam em *camadas* por assim dizer totalmente diferentes da nossa existência: como o medo irrompe do centro do nosso sentimento de vida e como, por abstracção do seu portador, do *corpo* e dos *seus* estímulos, seria totalmente anulado; como o arrependimento, em contrapartida, brota do centro espiritual da nossa personalidade e como, também por abstracção da posse do nosso corpo, ele não só é possível mas estaria pela primeira vez *absolutamente completo*, mesmo depois da anulação dos limites pulsionais do corpo que nos ocultam o nosso mal. Desde logo, esta independência do ser-aí, na *simultaneidade* do medo e do arrependimento, em relação ao mesmo estado-de-coisas-de-valor do feito demonstra que o arrependimento não pode ser uma «forma de desenvolvimento» anímica do medo – pois nesse caso, evidentemente, o medo já teria de estar consumido na nova formação do arrependimento; portanto não poderia, ainda *junto a* este, existir em nós e preencher-nos.

Estas proposições são válidas, naturalmente, também quando se trata do medo das punições divinas. O mero medo do mal da punição, «o medo servil», não é de todo um arrependimento. Ele também não é uma *attritio*, a qual a teologia com razão distingue da *contritio* (*), isto é, do «arrependimento completo» fundado no amor a Deus enquanto o bem mais elevado que é em si mesmo digno de amor. Sim, a *attritio* não é nem medo do mero mal da punição nem *se funda* apenas em tal medo. Ela pode ser *desencadeada* por via do medo da *punição*, enquanto exteriorização da justiça divina; porém nunca pelo medo do mal da punição enquanto mero mal. Mas nesse caso o próprio acto de arrependimento, em relação a este processo de desencadeamento, é também uma coisa totalmente nova, que não é algo como

---

(*) Como Scheler refere, segundo a teologia cristã, por *attritio* («atrição») entende-se uma forma de arrependimento imperfeita, porque baseada no medo da punição, ao passo que na *contritio* («contrição») está em causa uma modalidade de arrependimento que é completa, já que se funda no amor de Deus. (*N. do T.*)

este medo da própria punição. Mas quanto a isto ele também só pode ser desencadeado se o, assim chamado, medo da punição (eterna ou temporal) não estiver primariamente direccionado para o mero *mal da punição,* mas sim para a *punição* enquanto acto e expressão da justiça divina – portanto, se estiver sempre co-fundado simultaneamente na *reverência* e na observância perante a divindade que aplica esta justiça e que estabelece a punição. Se quanto a isto a *attritio* é um grau inferior em relação à *contritio,* é evidente também aqui que, de um modo geral onde a *contritio* de uma pessoa for possível, a mera *attritio* também apresenta uma espécie de *impedimento* para o surgimento da *contritio* – em conformidade com a lei de que o medo, em geral, impede mais o arrependimento do que o desenvolve.

Não é menos inapreensível, do ponto de vista da doutrina do medo, o modo como o medo só se deve transformar em arrependimento quando o não-valor pessoal ou [45] a respectiva acção apresentam *algo moral e religiosamente significativo.* De que modo, por exemplo, um rosto feio ou uma inaptidão qualquer ou o defeito de um órgão com os quais mil vez se esbarra e sempre se continua a ter medo de esbarrar de novo – de que modo todos estes não-valores jamais são objecto do arrependimento mas, na melhor das hipóteses, objectos da auto-flagelação, da tristeza, da repugnância em relação a si mesmo, da raiva contra si? De que modo jamais nos arrependemos de uma obra de arte mal conseguida, de um trabalho mal feito, no mesmo sentido em que nos arrependemos, por exemplo, de um roubo ou de uma falsificação de dinheiro? – excepto na medida em que temos de reconduzir a má qualidade destas coisas de novo à falha *moral* no exercício das capacidades necessárias para a realização das obras (mas não à nossa aptidão). É intrinsecamente menor, por exemplo, o mero desagrado que pode flagelar a partir de tais defeitos, bem como a partir de uma ausência de astúcia ou de uma propensão em falta? E dá ele ocasião, por menor que seja, ao medo e ao desagrado em relação à «ideia de nós mesmos como a causa do nosso desagrado»? Certamente que não. Pelo contrário, falta em tais casos tudo aquilo a que se poderia chamar arrependimento. Portanto, se pertence *necessariamente* ao arrependimento o facto de o não-valor «de que nos arrependemos» ser um não-valor da qualidade particular do «mal» e o facto de este não-valor estar dado no sentir-deste-«mal» que co-funda o arrependimento – então porque é que só esse não-valor, isto é, a *natureza* íntima do próprio mal, não devia ser suficiente para determinar a sua negação emocional no acto do arrependimento? Que é que devia um qualquer medo acrescentar perante as consequências da acção enquanto portador desta qualidade do «mal»? Ou como deviam efeitos deste medo ter de surgir primeiramente para tornar possível o arrependimento? O medo desencadeia por vezes o arrependimento; mas ainda mais frequentemente ele contamina o arrependimento – isto é, o resultado. O medo é em toda e qualquer forma possível – também enquanto medo sem objecto, isto é, não preenchido por um conteúdo particular de um objecto – um pré-sentir, um sentir-à-distância de circunstâncias pesarosas e danificadoras da vida «antes» do dano fáctico. O arrependimento volta-se *necessariamente* para trás.

A *teoria da vingança* já capta *algo* mais profundo. *Há*, sem dúvida, um impulso de vingança dirigido contra nós mesmos. Quando a criança se agride a si mesma porque fez algo «errado», quando queremos «arrancar os cabelos» a nós mesmos porque agimos desta ou daquela maneira, quando mil formas de auto-tormento que a história conhece não apresentam necessariamente penitências face à divindade ou servem a ascese da libertação do corpo, mas antes comportam em si todos os sinais de uma acção natural de vingança ou de expiação contra o Eu – então parece bastante correcto assumir um originário impulso de vingança do homem também contra si mesmo. Pois pouco se trata de reconduzir um tal impulso a uma contaminação da alma por meio de uma repreensão pré-sentida do mundo ambiente; ou até mesmo a uma simpatia involuntária com o impulso de vingança de um outro, isto é, a uma co-execução, que surge sem ou contra o nosso querer, [46] deste impulso de vingança contra nós, como Adam Smith o fez na sua falsa doutrina da simpatia (³). Portanto, o impulso de vingança é de facto mais originário do que a *escolha* particular

---

(³) Veja-se o meu livro *Para a fenomenologia e teoria do sentimento de simpatia*. (*N. do A.*)

entre Eu e não-Eu como seu objecto. Ele pode *ao mesmo tempo* voltar-se originariamente contra nós mesmos e contra outras pessoas. Hoje há escritores cuja criação parece toda ela alimentada de uma sede de vingança íntima e selvagem contra eles mesmos e tudo aquilo que está ligado a eles. Eles lançam agressões nas suas sátiras apenas aparentemente às suas figuras. Eles só se visam a si mesmos. Portanto, não é de facto necessário ver, com Nietzsche, tal auto-vingança só como uma consequência e uma extrínseca regressão do envio impedido do impulso de vingança contra outrem e de outros impulsos semelhantes. O impulso de vingança inapropriado, bem como a sua cultura racional, o impulso para ajustar contas proporcionalmente calculado, são *ambos* uma reacção imediata a certas modalidades de estados-de-coisas sem valor observados, os quais por si «exigem expiação» ([4]). Em particular, o impulso do ajuste de contas ocorre ainda *antes* de o feitor e produtor do estado-de-coisas sem valor ser conhecido e representado; portanto, só depois disso é que ele *procura* o seu objecto; e, por isso, também não cessa quando se torna saliente que nós *mesmos* somos esse feitor. Mas de modo algum uma «espiritualização» destes dois impulsos é capaz de nos esclarecer o estado de coisas do acto de arrependimento! Esta teoria parece perfeitamente tornar compreensíveis vários traços desse acto, os quais são por exemplo

---

([4]) Cf. a minha análise da exigência de expiação no livro *O Formalismo em Ética e a Ética Material dos Valores*, secção V, cap. X. (*N. do A.*)

totalmente inacessíveis para a hipótese do medo: são eles a relação essencial e necessária do acto de arrependimento com o passado, o modo particular da acutilância tumultuosa da dor de arrependimento, a disposição de penitência, que brota do arrependimento, para a «expiação» do que é injusto – e outras coisas mais. Mas também esta hipótese deixa totalmente obscuro o *cerne* de todo esse acto. Aquilo que particularmente falta à vingança e ao ajuste de contas consigo mesmo, para ser semelhante (mesmo que pouco) ao arrependimento na profundidade, é o seguinte: 1. a espiritualidade ([5]) e a interioridade do acto do arrependimento, em conjunto com o *medium* da calma, do repouso, da seriedade, da recolecção, nos quais ele está imiscuído; 2. o ascender, que se executa no acto do arrependimento, a um nível de vida mais elevado – e a co-doação de uma imagem ideal do valor e até de uma imagem da salvação da nossa pessoa, imagem que estava anteriormente oculta para nós e com a qual estamos agora relacionados por amor, «por amor da nossa salvação»; 3. o fortalecimento e a libertação do nosso si-mesmo moral para o estabelecimento da resolução e para a alteração da disposição moral por meio do arrependimento; 4. a restrição ao mal e à culpa moral (a única própria do arrependimento), em face do que a vingança pode encontrar uma qualquer espécie de sem-valor-do-si-mesmo que se sente e toda e

---

([5]) Cf. o que é dito na p. 44 sobre a possível abstracção em relação ao corpo. (*N. do A.*)

qualquer causação de estados-de-coisas sem valor. A atitude de vingança face ao Eu é um estado pleno de excitação, ao qual *falta* toda e qualquer fundação por via do olhar [47] para uma imagem exemplar positiva do ser si-mesmo e do tornar-se si-mesmo. Por isso a atitude permanece ainda totalmente infrutífera.

Há nisso certamente algo que não deve ser contestado: que nós temos uma forte inclinação para de algum modo *confundir* com o arrependimento genuíno ou para deles beneficiarmos como se fossem arrependimento – como quer que isso seja possível – todos os estados, inclusivamente os patologicamente condicionados, da auto-flagelação ou do desagrado consigo mesmo, enquanto respeitam à causa de certas acções e estados. Mas tais auto--ilusões, que tão frequentemente também conduzem a iludir os outros, *pressupõem* tanto o fenómeno do arrependimento genuíno quanto a valorização positiva deste fenómeno. Os homens tendem, sem dúvida, a projectar – na sua crueldade sobre si mesmos, no seu amor doentio da dor que «luxuriosamente remexe no sofrimento dos pecados», na sua sede de vingança contra si mesmos, nos seus estados de fraqueza moral, no seu medo secreto ou no seu cismar forçado sobre o passado, naquele «olhar malicioso» que eles por vezes têm contra tudo e assim também contra si mesmos – a fantasia da imagem, que cai bem a Deus, de um coração pleno de arrependimento; e tendem a esconder este seu vício secreto e as suas doenças sob a aparência de uma *virtude*. Mas este destino do arrependimento (que o arrependimento partilha com toda e qualquer virtude e até com toda e qualquer vantagem) – o destino segundo o qual se pode estar a *representar* para si mesmo e para os outros – não deve dar a ninguém, que se considera psicólogo, a ocasião de perder de vista o *próprio* arrependimento por detrás destas suas aparências.

O arrependimento não é – como o mais das vezes se começa [a defini-lo] – um «sentimento de desagrado» circunstancial que se associa a qualquer «ideia» de acção de que o homem se reconhece o autor. Abandonemos esta platitude da convencional psicologia da associação. O arrependimento é antes um *movimento*, com finalidade, do ânimo em face da culpa e em direcção àquela culpa que se acumulou no homem. A finalidade deste «movimento» é uma negação emocional e uma perda de poder por parte do prolongamento do efeito da culpa, um esforço secreto para expulsar esta culpa do cerne da pessoa de modo a «salvá-la». Só o efeito retroactivo da pressão da culpa, a qual se intensifica primeiramente no acto do arrependimento, *sobre* este movimento constitui a *dor* do arrependimento. A dor intensifica-se com a inflexibilidade da culpa – a qual, por sua vez, é ela mesma tanto maior quanto mais profundamente reside no cerne da pessoa. Portanto, não é esta dor mas sim o *movimento* contra a culpa, bem como a tendência para quebrar o prolongamento do seu efeito, que são o [aspecto] primeiro. A dor é apenas a consequência e o [aspecto] segundo.

A natureza particular da dor do arrependimento é aguda, arde, remói; falta-lhe toda e qualquer nebulosidade. Mas junto a esta qualidade enquanto dor subsiste ao mesmo tempo, no todo do processo, ainda uma satisfação que se pode intensificar até à bem-aventurança. Satisfação e agrado, insatisfação e desagrado não têm, claro está, nada que ver um com o outro; de facto, a satisfação manifestamente mais profunda intensifica-se até mesmo com a força da [48] dor do arrependimento. É então, por exemplo, a concepção interna daquela dor enquanto expiação da culpa o que garante a satisfação – ou é a diminuição da pressão da culpa no curso do arrependimento? Poder-se-ia assumir a primeira possibilidade, caso se concebesse o arrependimento como um modo de ajustar contas espiritual, designadamente um ajuste de contas consigo mesmo. Mas esta assunção é, como se mostrou, errónea. A obediência face à exigência de expiação é matéria da *penitência* e não do arrependimento. Esta obediência também pode suceder sem um arrependimento fundador. Pois sem dúvida que a disposição de penitência nasce *necessariamente* do arrependimento, tão necessariamente quanto a predisposição para a confissão – mas inversamente o arrependimento não nasce da disposição de penitência. E muito menos esta disposição é o próprio arrependimento. Mas o menos provável é que o arrependimento seja uma dor que em si se satisfaz enquanto dor; a não ser que, em vez de um arrependimento genuíno, ocorra precisamente uma ilusão de arrependimento que está fundada no amor da dor. Os pietistas, por exemplo, confundiram frequentemente estas duas coisas; daí a coloração fortemente sensorial e quase masoquista da sua literatura religiosa sobre o arrependimento. A crescente satisfação é portanto, do ponto de vista fáctico, consequência da lenta diminuição da pressão da culpa. Ela executa-se como que espontaneamente pela saída, objectivante, da culpa do cerne da pessoa.

Se o arrependimento é uma perda de poder da culpa, então a culpa tem também de estar dada de algum modo, no caso em que o arrependimento se introduz como contra-acto.

Mas o que é então esta «*culpa*»? É a qualidade «mau», que duradouramente se acumula na própria pessoa, no centro do acto, *por via* dos seus maus actos. Uma *qualidade*, portanto, e não um sentimento, é o que a culpa é. O chamado «sentimento de culpa» é ele mesmo diferente de outros sentimentos apenas por via da sua interna relação de sentido *com* esta qualidade. Portanto, quer nos sintamos culpados quer não, a culpa mantém-se. A fineza e o entorpecimento do sentimento de culpa, ou seja, os limiares do sentimento de culpa, são muito diferentes do ser-aí da culpa e da sua amplitude. É, pois, precisamente isto que pertence aos efeitos mais obscuros da culpa: que ela, ao crescer, por assim dizer *se oculta a si mesma* e que o sentimento do seu ser-aí se entorpece. E pertence pois, inversamente, ao crescimento da humildade e da santidade no homem o facto de – como testemunha a vida de todos os santos – o sentir da culpa se refinar, do ponto de vista funcional, precisamente com a sua diminuição objectiva e o facto de, por conseguinte, falhas cada vez mais pequenas serem já pesarosamente sentidas. Então, o acto do arrependimento de modo algum se dirige contra o sentimento de culpa (que ele, em vez disso, até desenvolve e estende amplamente); ele dirige-se, em vez disso, contra aquela *qualidade objectiva* da própria culpa. Mas dirige-se à culpa «através» do sentir da culpa, tal como o acto da consideração espiritual ou uma intenção de significação se dirige a um objecto através do ver desse objecto ou através do ouvir. Portanto, um qualquer sentimento de culpa – o mais das vezes primariamente deslocalizado em relação às perguntas «o quê?», «contra quem?» ou «culpabilizado por quem?» – tem, em todo o [49] caso, de *introduzir* o acto do arrependimento. Todavia, o sentimento da culpa só costuma encontrar a sua extensão, a sua localização, direcção, a sua profundidade – e, frequentemente, até mesmo o seu objecto determinado, por exemplo este ou aquele feito – durante o arrependimento e apenas por meio dele. Se de facto a culpa se acumulou tanto que ela mesma asfixia totalmente, ou quase, o sentimento do seu ser-aí, então está-se perante aquele «endurecimento» parcial ou total que o arrependimento só dificilmente pode, ou já não pode, quebrar. Porque a culpa é uma qualidade da *pessoa*, do centro dos actos do homem, a qual acresce à pessoa a partir dos seus actos e feitos como «algo que preenche» a pessoa, então ela está também, enquanto subsistir, secretamente co-presente em *cada* acto que a pessoa executa. Não são as consequências causais dos maus feitos enquanto efectividades reais da natureza que fazem surgir necessariamente um outro mal; elas podem, de um ponto de vista puramente causal, tornar efectivo tanto algo bom quanto algo indiferente. Não há nenhuma causalidade moral *neste* sentido. Mas a culpa, o obscuro trabalho destes feitos na *própria* alma, penetra em tudo aquilo que o homem quer e faz; e *ela* determina-o sem fazer avançar o saber dele na sua direcção. Nessa medida, cada arrependimento do feito também não é um arrependimento imediato a respeito de um feito, mas sim um arrependimento a respeito do *ser-culpabilizado* da pessoa por meio do feito. Do mesmo modo, o arrependimento do feito permanece separado do arrependimento do ser por meio do primeiro olhar para o estado-de-coisas-sem--valor do feito.

Mas o que pode então este embate do arrependimento contra a culpa? Duas coisas que só *ele* pode e nada mais. Ele não pode fazer desaparecer do mundo a efectividade natural e exterior do feito e as suas consequências causais, nem o carácter de mal que lhe advém enquanto *feito*. Tudo isso permanece no mundo. Mas ele pode matar e apagar plenamente a culpa enquanto obra retroactiva deste feito na alma do homem e, com isso, a raiz de uma infinitude de um novo e mau feito e de uma nova culpa. O arrependimento *aniquila* verdadeiramente aquela qualidade psíquica que se chama «culpa». O arrependimento, pelo menos na sua plena configuração, pode fazê-lo. Este quebra, portanto, a cadeia da força de procriação do mal mediada pelo crescimento da culpa dos homens e pelo tempo. Ele torna possível, precisamente por isso, começos de vida novos, livres de culpa.

O arrependimento é a poderosa força de auto-regeneração do mundo moral, a qual desfaz o seu morrer constante.

Este é o grande paradoxo do arrependimento, que ele *olha* para trás cheio de lágrimas nos olhos – e todavia, alegre e poderosamente, *actua* no sentido do futuro, da renovação, da libertação da morte moral. O seu olhar espiritual e o seu vivo actuar opõem-se de forma exacta. O progressista, o melhorista, o perfeccionista, todos eles dizem: não te arrependas, faz antes melhor. Sim, o bem parece-lhes a eles mesmos ser o melhor que pertence ao amanhã. Mas isto não é menos paradoxal: quanto mais esta gente olha para a frente e anda sempre às voltas com novos projectos do «melhor» no seu coração empreendedor, [50] tanto mais temerosamente a culpa do passado *irrompe* no seu fazer íntimo, irrompe já na escolha do conteúdo das suas resoluções e projectos, não apenas na sua execução; tanto mais profundamente o eterno fugitivo do seu presente e passado se afunda nos braços mortos justamente deste passado. Pois quanto mais poderosamente a culpa da história *actua*, tanto menos, em exacta proporção, a vemos objectivamente e nos arrependemos. A correcta instrução não diz «abandonemos o arrependimento e queiramos tornar melhor no futuro o que foi feito», mas sim «arrependamo-nos e, justamente por isso, tornemo-nos melhores». Não é a utopia, mas o arrependimento, que é a forma *mais revolucionária* do mundo moral.

Portanto, se nós olharmos para o acto da formulação da boa resolução, para a alteração da disposição moral e para a transformação da disposição moral, para o «novo coração», então nada disto é um fazer arbitrário desligado do arrependimento e que apenas lhe sucede temporalmente ou uma produção tal que poderia saltar por cima do arrependimento como algo superficial. Tudo isto brota do arrependimento como que espontaneamente. Pois tudo isto é apenas o fruto da actividade *natural* da alma entregue a si mesma, liberta da culpa, de novo inserida em si mesma e no seu direito originário de soberania. Quanto menos a «boa resolução» já é visada no processo de arrependimento tanto mais poderosamente esse processo, no fim, como que de modo espontâneo (autonomamente e quase sem auxílio do querer consciente) se destacará do arrependimento. E quanto menos aquele que se arrepende, no seu acto de arrependimento, olha de relance para os bens do Eu que agora se arrepende (e, com isso, faz também do arrependimento uma nova ocasião para a sua vaidade e a sua secreta reputação diante de si mesmo ou até de Deus), quanto mais dolorosamente está como que *perdido* nas profundezas da sua culpa – de modo tanto mais nobre a sua alma criada por Deus se eleva, fazendo abstracção dele mesmo, a partir daquele pó da terra que até aqui a atravessou e lhe tirou o livre respirar. Quanto mais profundamente o arrependimento alcança assim as raízes do ser de um centro pessoal dos actos, tanto mais ele nos aparece como um processo (*Vorgang*) que num âmbito mais elevado, espiritual, é a mesma coisa que num âmbito biológico o caso mais elementar de renascimento e morte do animal descrito por A. Goette, no qual ambos coincidem como que *num* processo (*Prozeß*) e o animal que se decompõe de novo se reedifica (*).

Pois não há nenhum arrependimento que não traga já consigo, desde o seu início, o plano de construção de um «novo coração». O arrependimento só mata para criar. Ele só aniquila para edificar. Sim, ele já constrói quando ainda parece aniquilar. Portanto, o arrependimento é a força estrondosa do feito naquele espantoso processo a que o Evangelho chama «renascimento» de um novo homem a partir do «velho Adão», a que chama acolhimento de um «novo coração».

É uma representação extrínseca o facto de o arrependimento só ter de se introduzir a partir de delitos e culpabilizações muito particulares que estão

---

(*) Para esta analogia, Scheler baseia-se nas investigações realizadas por Alexander Wilhelm Goette – vejam-se, por exemplo, *Sobre o desenvolvimento e a regeneração do esqueleto das extremidades das salamandras* (*Über die Entwicklung und Regeneration des Gliedenmassenskelets der Molche*), Leipzig, Voss, 1879; *Tratados sobre a história do desenvolvimento dos animais* (*Abhandlungen der Entwicklungsgeschichte der Tiere*), 4 vols., Leipzig, Voss, 1882ss.; *Sobre a origem da morte* (*Über den Ursprung des Todes*), Leipzig, Voss, 1883. (*N. do T.*)

à vista e que então, exactamente como os actos de arrependimento a eles relativos, formam [51] uma mera soma, uma vez que as culpabilizações se devem saldar por meio de uma soma de actos de arrependimento. O obscuro reino terreno da *culpa* de que falamos tem tais feitos e culpabilizações apenas como seus cumes mais visíveis. A própria culpa forma o oculto reservatório de força na alma a partir do qual se alimenta cada uma daquelas culpabilizações. Neste reino subterrâneo da alma, no oculto reino da sua culpa tem o arrependimento de se afundar – sim, resvalando nessa direcção, tem de despertar antes do mais a *consciência* para o seu obscuro e oculto ser-aí. Quem, por conseguinte, dissesse «eu não estou consciente de nenhuma culpa, portanto nada tenho de que me arrepender» seria ou um Deus ou um animal. Se, porém, quem fala é um homem, então ele ainda não sabe nada sobre a essência da culpa. –

E também do seguinte o homem se apercebe: o arrependimento não é apenas um processo na alma individual; ele é, tão originariamente quanto a culpa, também uma aparição *total* de natureza histórico-social. O grande princípio da *solidariedade* [6] de todos os filhos de Adão na responsabilidade, culpa e mérito quer dizer que a subsistência da co--responsabilidade, do feito e da consciência de cada

---

[6] Cf. a minha rigorosa derivação do princípio da solidariedade em O *Formalismo em Ética* etc., 2.ª parte, secção VI B, cap. «Pessoa individual e pessoa total». (*N. do A.*)

indivíduo sobre a sua co-responsabilidade por *todo* o suceder do cosmos moral não está primeiramente conectada com aqueles efeitos em cada caso visíveis, comprováveis, que os indivíduos exercem uns sobre os outros directamente ou por via dos membros da teia causal de natureza social e histórica por eles conhecível. Em vez disso, estes efeitos e a consciência deles *localizam* apenas o olhar naqueles pontos do cosmos moral pelos quais temos co-responsabilidade e que também podemos *conhecer* de forma determinada. Mas não são eles que primeiramente *criam* a co-responsabilidade e – na medida em que estamos moralmente despertos – o sentimento dela que sempre nos acompanha. Mas a pura *forma* da co-responsabilidade é: a permanente consciência de que também o mundo moral *total* do passado e do futuro, das estrelas e do céu, poderia ser total e radicalmente diferente se «eu» apenas fosse «diferente»; o profundo sentimento de que as leis secretas do eco do amor e do ódio e as leis da sua reprodução configuram, por meio da infinitude, todos os impulsos de todos os corações finitos num uníssono modulado de cada vez de forma diferente ou numa desarmonia em cada caso diferentemente modulada, a qual é percebida e direccionada pelo ouvido de Deus apenas como todo não dividido – esta co-responsabilidade *originária* é, para a subsistência de um sujeito moral, precisamente tão essencial quanto o é a responsabilidade por si mesmo. A co-responsabilidade não é «assumida» só por meio de actos particulares da obrigação ou por meio de um prometer a outrem, mas ela é já a pressuposição interna também da possibilidade destas obrigações. Por isso, também o arrependimento está tão originariamente relacionado com a nossa culpa *conjunta* em toda e qualquer culpa quanto com a nossa auto-culpabilização; está tão originariamente relacionado com a culpa [52] trágica, na qual «caímos» sem termos culpa, quanto com a culpa de que temos culpa, a qual escolhemos livremente tomar sobre nós; tão originariamente relacionado com a culpa total e a culpa herdada – das comunidades, das famílias, povos e de toda a humanidade – quanto com a culpa individual. Quando se diz que, em face da culpa alheia, só não se deve «julgar» – a isso se chama interpretar muito superficialmente a doutrina cristã, que tem como uma das suas raízes o princípio da solidariedade; em vez disso, devemos ter presente na lembrança a nossa própria culpa individual. Em vez disso, devemos – este é o verdadeiro sentido da doutrina – não apenas ter memória da nossa própria culpa, mas também sentirmo-nos conjuntamente culpados nesta culpa «alheia» e na culpa total do tempo; e devemos, por isso, também co-considerar e co-arrependermo-nos de tal culpa como nossa «própria» culpa. Este é o verdadeiro sentido de *mea culpa, mea culpa, mea maxima culpa!* (*)

(*) «Minha culpa, minha culpa, minha máxima culpa!» (Em latim no original) Como se diz na liturgia e na oração da Confissão: «Por minha culpa, minha tão grande culpa!» (*N. do T.*)

Desta forma, vemos também na história como o acto de arrependimento se pode tornar numa poderosa corrente; como ele se precipita, ao longo de gerações, através de povos e, até mesmo, circuitos culturais inteiros; como torna abertos e brandos os corações fechados e endurecidos; como se habilita para expulsar da vida total das comunidades a culpa acumulada dos tempos; como ilumina o passado oculto da história dos povos para o orgulho dos povos; como de novo amplia o futuro, que anteriormente sempre mais se estreitava, num plano amplo e límpido de *possibilidades* – e, desse modo, prepara a regeneração também de um ser-aí moral *total*. Estes processos de um arrependimento total – para uma culpa total acumulada – retornam, numa rítmica peculiar, ao longo da história de quase todas as grandes comunidades. Eles aparecem nas mais diversas formas e modos de expressão – consoante o sistema social e consoante a religião positiva e a moralidade dos povos. O cristianismo primitivo, pelo menos através das lágrimas invencíveis do seu arrependimento, não renovou o mundo da Antiguidade que então cessava (endurecido no vício do prazer, do poder e da reputação), nem infundiu um novo sentimento na juventude desse mundo. Que grande parte de todos os pensamentos e sentimentos da literatura patriótica está como que trespassada por este arrependimento! Uma outra vaga violenta de arrependimento avança através dos povos da Europa no seguimento da rudeza do século xi, que se propaga sempre de modo mais selvagem e mais hostil à vida. Este arrependimento aniquilava a utopia então desesperada, a última: a seguir virá o fim do mundo e Cristo regressará – e o arrependimento preparava, com isso, aquele renascimento espiritual e religioso cujo grande condutor devia ser São Bernardo de Claraval. *Dona Lacrimarum* (*): assim se designava então a nova dádiva da graça de uma vontade de arrependimento e de penitência, na qual a Europa se decidiu ao seu grande empreendimento das cruzadas e na qual se executou a renovação da antiga vida da igreja, enrijecida sob um espírito rude, apodrecido e mundanizado da espiritualidade e sob o arbítrio sem limites dos [53] poderes mundanos. «Despertou, da ira das paixões e das irrupções grosseiras da violência, um poderoso sentimento da penitência.» (⁷) Edificação, solidificação, sobre-diferenciação das culturas, em seguida de novo dissolução conforme com o arrependimento e, por assim dizer, retomada dos elementos de construção num espírito e vontade de vida novos, criativos, que tudo fazem renascer – isto é não apenas a lei segundo a qual a pequena alma individual respira, é também a lei do respirar para a grande alma da humanidade histórica. Também sobre a base da história o olhar mais profundo mede, em todas as esferas, a imagem

---

(*) «Senhora das Lágrimas» (em latim no original). (*N. do T.*)
(⁷) Neander, *São Bernardo e a sua época* (1848). (*N. do A.*) Scheler só indica o título da obra e o ano da sua publicação; a referência completa é a seguinte: August Neander, *Der Heilige Bernhard und sein Zeitalter*, Hamburg, Friedrich u. Andreas Perthes, 1848 (2.ª ed.). (*N. do T.*)

de um «desenvolvimento progressivo», contínuo – a imagem tola que tanto tempo enganou o nosso século XIX e ocultou aos nossos olhos a lei (mais bela, mais sublime, que abarca todo o progresso) do «morre e transforma-te» («*Stirb und Werde*»).

Sustentada por tal irrupção de sentimento – cujo poder e grandeza serão à medida da grandeza da nossa culpa europeia total, que nesta guerra (*) foi mais visível e expressa do que culpabilizada – sustentada pelo *arrependimento*, terá lugar também *aquela* conversão que é a única pressuposição íntima para a formação de um novo sistema de política externa de um acordo europeu. Nenhuma nova sabedoria jurídica e nenhuma vontade dos homens de Estado, por melhor que seja, e também nenhuma «revolução» e nenhum «homem novo» podem substituir esta própria *alteração de sentido dos povos*. Também nesta matéria de grande importância a conversão é a forma inevitável, para a alma, da nova precaução. Também aqui está o novo sentimento da profunda *alienação* em relação a um sistema histórico-humano, tal como subsistia antes desta guerra; o lento desvelar, que o arrependimento incita, das raízes profundas do acontecimento nos subterrâneos da alma do tipo de homem que, por toda a parte e junto de todos os povos e Estados, desempenha o papel de *condutor* é a forma necessária e única de consciência

---

(*) Tendo em conta que o texto de Scheler foi originalmente publicado em 1917, é evidente que se trata aqui da Primeira Guerra Mundial. (*N. do T.*)

a partir da qual se podem gerar uma nova disposição moral positiva e, por fim, novos planos de construção do ser-aí político.

Todos aqueles inúmeros sistemas de ideias que o homem moderno engendrou e cultivou para escapar da culpa que nele cresce – todos eles têm de ser quebrados neste processo. Pois esta é a relação fundamental do tipo mais recente de homem que pareceu emergir de forma definitiva da estrutura da vivência do cristianismo: ele deixou a culpa dos tempos acumular-se tão longamente ao ponto de não mais *ousar* expiá-la ou mesmo senti-la e pensá-la; e ao ponto de, precisamente por via disso, a culpa por ele mesmo obscurecida de forma culpabilizável o confrontar – enquanto mero poder objectivo de «relações» (por ex. de relações económicas) – como que disfarçada nestas relações: enquanto poder de «relações» às quais temos de nos curvar sem contradição. Se arrancardes às vossas «relações» a máscara que as disfarça, então percebereis atrás delas a culpa. A [54] culpa própria de que não se arrepende ou a dos seus pais defronta o homem moderno a partir do exterior, igual a um fantasma, na medida em que a sua alma não se reconhece. Como uma coisa nova, como um poder externo, como um «destino», a culpa põe-se a si mesma a partir de fora perante o desorientado entendimento do homem moderno. Inteiras teorias científicas complexas exigem do fantasma o seu «esclarecimento». Todas as teorias histórico-deterministas (como por ex. a concepção económica da história) são, de facto, secretamente alimentadas por este sentimento de vinculação, o qual é apenas a *consequência* natural do ser e comportamento da alma que percorre, de forma fundamental e sistemática, o único caminho para a sempre de novo necessária libertação: o sempre novo arejamento para o respirar do si-mesmo que sufoca sob o fardo da sua história – o caminho do arrependimento. Auto-ilusão sobre a culpa quase já não sentida mas, por isso mesmo, tanto mais *efectiva*, auto-ilusão através de um trabalho sem limites, o qual eleva o puro processo do trabalho a um valor absoluto; ou auto-ilusão através da precipitação no puro mundo do prazer das sensações dos sentidos; vida eternamente provisória, que automaticamente adia todo e qualquer sentido da vida até à morte, para o futuro, para a «próxima vez» e se justifica então, lógica e moralmente, como vontade e doutrina do «progresso»: estes são *alguns* dos tais «sistemas». –

Dizíamos de início que, nos impulsos da consciência moral, se apresentaria de um modo totalmente espontâneo – sem interpretação da nossa parte – uma ordem invisível da nossa alma e da nossa relação ao seu superior máximo e criador. Também o arrependimento só assume o seu sentido pleno e só ganha a sua linguagem plena quando ele – para além da sua significação, ainda pertencente à ordem da natureza, de exoneração da culpa – é vivenciado como inserido numa conexão *metafísico-religiosa* do mundo. Ele só assume o seu sentido pleno quando não mais respeita apenas ao *mal,* mas àquele mal aos olhos de Deus a que se chama pecado. Neste olhar para Deus, a alma aprende a satisfação no *arrependimento* e aprende a compreender a sua própria renovação através do arrependimento como o processo misterioso do «perdão dos pecados» e como o jorrar de uma nova força a partir do centro das coisas. Esta força chama-se graça. Pode depender de mesmo muitas condições o modo como se configuram as representações e os conceitos dogmáticos mais imediatos respeitantes a este grande processo, e o modo como se apresentam no sistema de uma igreja enquanto instituição objectiva de salvação o arrependimento, a confissão, a penitência, a justificação, a reconciliação e a santificação. A raiz simples de todas estas representações e instituições é, porém, sempre a mesma. Elas fundam-se no facto de o arrependimento – se bem que este se dirija, enquanto nosso acto pessoal, ao nosso próprio coração carregado de culpa – *transcender* por si o nosso coração e espreitar para lá do seu estreito confinamento, para o fazer reimergir da sua impotência num pressentido centro das coisas, numa eterna fonte de força de todas as coisas. Isto pertence ao «sentido» imanente do próprio arrependimento plenamente vivenciado.

[55] Se nada mais houvesse no mundo a partir do qual criássemos a ideia de Deus, o arrependimento, só por si, poderia tornar-nos atentos para o ser-aí de Deus. O arrependimento começa com uma acusação! Mas diante de *quem* é que nós nos acusamos? Não pertence necessariamente à essência de uma «acusação» também uma pessoa que a percebe e

diante da qual a acusação tem lugar? O arrependimento é, além disso, uma *confissão* íntima da nossa culpa. Mas *a quem* é que então confessamos quando, todavia, os lábios se calam para o exterior e estamos sozinhos com a nossa alma? E *a quem* é que se deve esta culpa que nos pressiona? (*) O arrependimento termina com a clara consciência da superação da culpa, da aniquilação da culpa. Mas quem é que nos retirou a culpa, quem ou o quê é capaz de tal? O arrependimento profere o seu juízo segundo uma *lei* sentida como «santa», que sabemos não ter dado a nós mesmos, que apesar disso habita no nosso coração. E, ainda assim, ele desvincula-nos, quase no mesmo fôlego, das consequências desta lei para nós e para o nosso agir! Onde, porém, está o *legislador* desta lei e quem, além do seu legislador, poderia impedir as consequências desta lei para nós? O arrependimento dá-nos uma nova força de resolução e – em certos casos – um novo coração a partir das cinzas do antigo. Onde, porém, está a fonte de *força*, e onde está a *ideia* para a construção deste novo coração, e onde está o poder que efectua a sua construção?

Portanto, a partir de *cada* regulação parcial deste grande processo moral, um movimento intencional aponta para uma esfera invisível, um movimento

---

(*) Scheler explora aqui a ligação, patente na língua alemã, entre os fenómenos da culpa e da dívida ou do débito; ambos os fenómenos podem exprimir-se, em alemão, através de termos pertencentes ao campo semântico de *Schuld*. (*N. do T.*)

que, deixado apenas a si mesmo e não desviado por uma qualquer interpretação precipitada, também nos traça como que espontaneamente diante do espírito os contornos misteriosos de um juiz infinito, de uma misericórdia infinita e de uma fonte infinita de poder e de vida.

O que aqui foi dito ainda não é nenhum pensamento especificamente cristão, já para não falar de um conteúdo doutrinal baseado numa revelação positiva. Só é cristão no sentido em que a própria alma, como diz Tertuliano, é por natureza cristã (*). E, todavia, estas funções naturais do arrependimento só obtiveram a sua plena luz, a sua plena significação, na igreja cristã. Pois só por meio do seu sistema a doutrina cristã nos torna compreensível *porque é que* o arrependimento possui a função central do renascimento na vida do homem.

É tremendo que só possamos ganhar a vida com base no obscuro caminho de dor do arrependimento. Mas é glorioso *que* para nós haja de todo um caminho para a vida. E não o perdemos *necessariamente* por meio da culpa que se acumula?

Como é que tem de estar constituído um mundo em que algo assim é já necessário e, todavia, é precisamente ainda uma possibilidade? Em que relação particular com o seu criador tem este mundo de

---

(*) Scheler terá certamente em vista a secção 6 do capítulo 17 do *Apologético*, de Tertuliano, onde este diz: *O testimonium animae naturaliter Christianae!* («Ó testemunho da alma por natureza cristã!») (*N. do T.*)

se encontrar? E de que modo é necessário *sempre* e para *cada um*? Respondo com um pensamento do cardeal Newman na sua «Apologia pro vita sua» (*): «Ou não há nenhum criador ou o género humano [56] excluiu-se, no estado actual, do seu presente... Se há um Deus – e porque é certo que há um –, o género humano tem de estar envolvido numa qualquer tremenda culpa original; já não está em consonância com os desígnios do criador. Isto é um facto tão certo quanto o meu próprio ser-aí. Deste modo, a doutrina daquilo a que os teólogos chamam pecado original torna-se, para mim, quase tão certa quanto a existência do mundo ou a existência de Deus.»

O pensamento de Newman, tão simples quanto grandioso, reza assim na nossa formulação: eu possuo uma intuição plenamente clara, evidente em si mesma e espiritual da essência (⁸) de um Deus possível enquanto intuição de um ser infinito e de um *summum bonum* (**). Eu posso certificar que *não* retirei esta ideia a partir de qualquer facto e configuração do mundo real interno ou externo – e também não a inferi de modo algum a partir do mundo, nem

---

(*) «Apologia da sua vida» (em latim no original). A referência completa, com a paginação relativa à citação feita por Scheler, é a seguinte: John Henry Newman, *Apologia pro vita sua*, Londres, Longmans, Green, and Co., 1864, pp. 242-243. (*N. do T.*)

(⁸) Não se está aqui a falar da essência, conforme com a revelação, de Deus em si (independentemente da relação de Deus com o mundo), mas apenas do conteúdo essencial da ideia natural de Deus. (*N. do A.*)

(**) «Sumo bem» (em latim no original). (*N. do T.*)

de resto lha tomei de empréstimo. Em vez disso, percebo o mundo, assim como o meu si-mesmo, apenas sob a luz desta ideia: *in lumine Dei*, como diz Agostinho (*). É até uma parte essencial desta ideia plenamente desenvolvida de uma pessoa espiritual o facto de uma realidade (*Wirklichkeit*) que lhe corresponda – quando há uma – só se poder apresentar como testemunho exclusivamente ao homem. Portanto: quando há uma realidade (*Realität*) (**) correspondente a esta ideia, nunca posso estar na situação de verificar esta realidade por meio de actos espontâneos da minha consciência. Eu sei, evidentemente, que jamais se poderia diferenciar a não-existência de uma realidade (a qual corresponde exactamente à essência da ideia, tão clara para mim, de um Deus pessoal) do mero *silenciar-se* dessa realidade – da sua reserva. Mas creio que a realidade desta essência se testemunhou a si mesma na Antiga Aliança e, da forma mais derradeira, em Cristo – depois do que vestígios dela na revelação

---

(*) «À luz de Deus» (em latim no original). Sobre esta expressão em Agostinho, veja-se, por exemplo, o capítulo 16 do livro XIII das *Confissões*. (*N. do T.*)

(**) Até ao momento o termo «realidade» tem servido para traduzir o alemão *Wirklichkeit*; mas neste ponto Scheler passa a usar, pela primeira vez e até ao fim do parágrafo, a palavra *Realität*, que vertemos igualmente para «realidade» por não nos parecer haver diferença de significado numa e noutra utilizações. Após este parágrafo, Scheler não volta a recorrer a este último termo. Na tradução do que se segue, utilizaremos o adjectivo «real» para traduzir o alemão *wirklich*. (*N. do T.*)

universal que inspira a história se tornaram visíveis em diversos pontos e com clareza diversa.

Estes são alguns dos fundamentos do meu saber acerca de Deus. Se eu, por conseguinte, sei da realidade de Deus sem ter inferido ou tomado de empréstimo esta realidade do ser-aí do mundo – então, numa segunda instância, também tenho um bom fundamento para a suposição de que este mundo não é absolutamente independente em si e não é tão originário quanto Deus, mas procedeu das suas mãos de criador ([9]). Mas agora, e depois de ter verificado isto, o meu olhar cai sobre este mundo tal como ele é, sobre o homem tal como ele, em todos os seus impulsos, se apresenta realmente na história que me é acessível. Ora, podem o mundo e o homem, exactamente como *são*, ter procedido das mãos criadoras de Deus? Tudo em mim diz que não! Com isso, porém, a ideia de uma qualquer forma [57] de queda, culpabilização e pecado original está espontaneamente dada enquanto único esclarecimento da diferença entre um mundo criado pelo Deus absolutamente perfeito e aquele mundo tal como ele *me* é conhecido enquanto real.

Só em conexão com isto é que, como muitas outras coisas, também o arrependimento ganha o seu sentido pleno – pelo menos, torna-se assim naquela *necessidade* duradoura que anteriormente vimos que era.

No início desta história do mundo está uma culpa! Portanto, como é que devia haver outra

---

([9]) A criação temporal fica aqui posta de lado. (*N. do A.*)

forma de regeneração eterna que não a forma do arrependimento? Sobre a doutrina cristã da contrição e sobre as configurações que esta doutrina assumiu nas igrejas e seitas cristãs não emiti aqui nenhum juízo. Pois o propósito foi mostrar até onde a reflexão filosófica, e só ela, pode aqui conduzir. Mas se eu agora comparar os resultados obtidos com estas doutrinas, então encontro o conhecimento mais profundo do significado e sentido do acto de arrependimento no cristianismo e por sua vez, no interior deste, na igreja católica. À característica mais peculiar da concepção cristã do arrependimento – fazendo abstracção de todos os pormenores da doutrina da justificação – parecem-me pertencer duas coisas: primeiro, a representação à primeira vista muito paradoxal de que não só o ritmo da culpabilização e do arrependimento pertence *necessariamente* à vida do homem decaído, mas também de que o arrependimento perfeito conduz para além ainda do estado de inocência, a um estado superior do ser-aí que seria inalcançável sem o pecado precedente e o subsequente arrependimento. Este pensamento exprime-se, por assim dizer, macrocosmicamente na doutrina segundo a qual o feito redentor de Cristo não só apagou o pecado de Adão, mas além disso pôs o homem numa comunidade com Deus doravante mais profunda e mais santa do que aquela que Adão possuía – se bem que o redimido na fé e na imitação [de Cristo] não recebe novamente a integridade de Adão e o desejo desordenado, a «concupiscência», subsiste. E de novo se anuncia, por assim dizer, microcosmicamente o mesmo ritmo de queda e ascensão acima do estado original na proposição do Evangelho: há mais alegria no céu por um pecador arrependido do que por mil homens justos (*).

Em particular, o primeiro destes dois pensamentos dá pela primeira vez, ao caso da humanidade em Adão e da elevação desta à comunhão com Deus através da humanização de Cristo, plena luz e uma sublimidade última. Já desde cedo que os teólogos cristãos sentiam que uma concepção que punha a essência e o fundamento da incarnação exclusivamente na misericórdia compassiva de Deus para com o homem decaído e numa mera santificação e nova produção do homem, às quais Deus teria sido como que obrigado através da queda e do pecado original, não faz jus à sublimidade da incarnação. Deus também teria sido capaz de santificar o homem decaído e de lhe perdoar os seus pecados de outro modo – em vez de ele mesmo, o infinito, [58] se ter tornado homem e carne. E, por outro lado, a incarnação – segundo a doutrina geral da teologia – também teria podido resultar sem a queda e o pecado original. Portanto, a incarnação permanece um feito livre de Deus. Entre uma mera re-elevação do homem decaído à sua altura natural (antes da queda) e a infinita sublimidade da humanização do senhor absoluto das coisas não há nenhuma

---

(*) Veja-se, por exemplo, *Evangelho segundo São Lucas*, capítulo 15, versículo 7. (*N. do T.*)

proporção sensata. Só por isso é que também a igreja pode cantar a sua «felix culpa» (*) em face da queda, porque a elevação do homem e do mundo através da entrada da substância de Deus num membro da humanidade faz ascender o homem a uma altura incomparavelmente mais sublime do que aquela em que se encontrava no estado original. «Porque a plenitude do género humano – diz São Leão em uníssono com muitos outros – decaiu no caso dos primeiros homens, o Deus misericordioso quis vir em auxílio das criaturas criadas à sua imagem através do seu filho unigénito Jesus Cristo, de tal modo que a nova produção das mesmas não residiria fora da natureza e o segundo estado *iria para além* da dignidade da própria origem. Feliz (a natureza) se não tivesse decaído daquilo que Deus havia feito; *mais feliz* se permanece naquilo que ele de novo produz. Foi algo grandioso ter recebido de Cristo a configuração; mas é algo mais grandioso ter em Cristo a sua substância.» (Leão Magno, Sermão 2, «De resurrectione» (**)) Por isso, na profundidade do eterno decreto de Deus, a sua humanização tem de facto de ser pensada no sentido da queda eternamente prevista do homem, mas ao mesmo tempo tem de se supor também que Deus decidiu a concessão da culpa, livremente assumida pelo homem na queda, também em vista da humanização igualmente decidida no eterno decreto de Deus.

(*) «Feliz culpa» (em latim no original). (*N. do T.*)
(**) «Da ressurreição» (em latim no original). (*N. do T.*)

Também a ideia de que Deus, através da incarnação, não só preenche uma necessidade do homem e vem em auxílio de uma urgência de culpa própria do homem, a ideia de que, em vez disso, se glorifica nesse feito a si mesmo a partir de um amor infinito que continua a geração imanente do filho e de que também acolhe o homem nesta sua glorificação – porém, com este elemento mais nobre do mundo, também o mundo – só ganha o seu sentido pleno através desta conexão de pensamentos. – Todavia, estes pensamentos já vão para além do nosso tema.

O segundo momento, inseparável disto, é a nova relação em que o arrependimento e o *amor* agora são postos. O arrependimento «perfeito» aparece suportado pelo amor de Deus num duplo sentido. Por um lado, através do facto de este amor, batendo sempre à porta da alma humana, trazer para diante do homem, por assim dizer, a imagem do valor de um ser ideal e só na *relação* com esta imagem deixar o homem *perceber* plenamente a inferioridade e a complicação do seu estado real. Depois, o facto de o homem, segundo a execução espontânea do arrependimento e olhando para trás a partir do perdão e santificação [59] que gradualmente se sentem, vivenciar a *força* de execução do acto de arrependimento como uma oferta de amor e de graça por Deus – e isto na exacta proporção em que o impulso humano de amor a Deus, exposto logo no início, produz de novo progressivamente a plena capacidade do amor em relação a Deus e efectua, através da superação dos limites postos pela culpa e da distância de Deus, a reconciliação e a reunificação com o centro das coisas.

À primeira vista, este impulso de amor aparece-nos como o nosso amor. Então vemos que era já também amor correspondido.

TEXTOS FILOSÓFICOS

1. *Crítica da Razão Prática*, Immanuel Kant
2. *Investigação sobre o Entendimento Humano*, David Hume
3. *Crepúsculo dos Ídolos*, Friedrich Nietzsche
4. *Discurso de Metafísica*, Immanuel Kant
5. *Os Progressos da Metafísica*, Immanuel Kant
6. *Regras para a Direcção do Espírito*, René Descartes
7. *Fundamentação da Metafísica dos Costumes*, Immanuel Kant
8. *A Ideia da Fenomenologia*, Edmund Husserl
9. *Discurso do Método*, René Descartes
10. *Ponto de Vista Explicativo da Minha Obra de Escritor*, Sören Kierkegaard
11. *A Filosofia na Idade Trágica dos Gregos*, Friedrich Nietzsche
12. *Carta sobre a Tolerância*, John Locke
13. *Prolegómenos a Toda a Metafísica Futura*, Immanuel Kant
14. *Tratado da Reforma do Entendimento*, Bento de Espinosa
15. *Simbolismo: Seu Significado e Efeito*, Alfred North Withehead
16. *Ensaio sobre os Dados Imediatos da Consciência*, Henri Bergson
17. *Enciclopédia das Ciência Filosóficas em Epítome (Vol. I)*, Georg Wilhelm Friedrich Hegel
18. *A Paz Perpétua e Outros Opúsculos*, Immanuel Kant
19 *Diálogo sobre a Felicidade*, Santo Agostinho
20. *Princípios da Filosofia do Futuro*, Ludwig Feuerbach

21. *Enciclopédia das Ciência Filosóficas em Epítome (Vol. II)*, Georg Wilhelm Friedrich Hegel
22. *Manuscritos Económico-Filosóficos*, Karl Marx
23. *Propedêutica Filosófica*, Georg Wilhelm Friedrich Hegel
24. *O Anticristo*, Friedrich Nietzsche
25. *Discurso sobre a Dignidade do Homem*, Giovanni Pico della Mirandola
26. *Ecce Homo*, Friedrich Nietzsche
27. *O Materialismo Racional*, Gaston Bachelard
28. *Princípios Metafísicos da Ciência da Natureza*, Immanuel Kant
29. *Diálogo de um Filósofo Cristão e de um Filósofo Chinês*, Nicholas Malebranche
30. *O Sistema da Vida Ética*, Georg Wilhelm Friedrich Hegel
31. *Introdução à História da Filosofia*, Georg Wilhelm Friedrich Hegel
32. *As Conferências de Paris*, Edmund Husserl
33. *Teoria das Concepções do Mundo*, Wilhelm Dilthey
34. *A Religião nos Limites da Simples Razão*, Immanuel Kant
35. *Enciclopédia das Ciência Filosóficas em Epítome (Vol. III)*, Georg Wilhelm Friedrich Hegel
36. *Investigações Filosóficas sobre a Essência da Liberdade Humana*, F. W. J. Schelling
37. *O Conflito das Faculdades*, Immanuel Kant
38. *Morte e Sobrevivência*, Max Scheler
39. *A Razão na História*, Georg Wilhelm Friedrich Hegel
40. *O Novo Espírito Científico*, Gaston Bachelard
41. *Sobre a Metafísica do Ser no Tempo*, Henrique de Gand
42. *Princípios de Filosofia*, René Descartes
43. *Tratado do Primeiro Princípio*, João Duns Escoto
44. *Ensaio sobre a Verdadeira Origem, Extensão e Fim do Governo Civil*, John Locke
45. *A Unidade do Intelecto contra os Averroístas*, São Tomás de Aquino
46. *A Guerra e A Queixa da Paz*, Erasmo de Roterdão
47. *Lições sobre a Vocação do Sábio*, Johann Gottlieb Fichte

48. *Dos Deveres (De Officiis)*, Cícero
49. *Da Alma (De Anima)*, Aristóteles
50. *A Evolução Criadora*, Henri Bergson
51. *Psicologia e Compreensão*, Wilhelm Dilthey
52. *Deus e a Filosofia*, Étienne Gilson
53. *Metafísica dos Costumes, Parte I, Princípios Metafísicos da Doutrina do Direito*, Immanuel Kant
54. *Metafísica dos Costumes, Parte II, Princípios Metafísicos da Doutrina da Virtude*, Immanuel Kant
55. *Leis. Vol. I*, Platão
56. *Leis. Vol. II*, Platão
57. *Leis. Vol. III*, Platão
58. *Diálogos sobre a Religião Natural*, David Hume
59. *Sobre a Liberdade*, John Stuart Mill
60. *Dois Tratados do Governo Civil*, John Locke
61. *Nova Atlântida* e *A Grande Instauração*, Francis Bacon
62. *Do Espírito das Leis*, Montesquieu
63. *Observações sobre o sentimento do belo e do sublime* e *Ensaio sobre as doenças mentais*, Immanuel Kant
64. *Sobre a Pedagogia*, Immanuel Kant
65. *Pensamentos Filosóficos*, Denis Diderot
66. *Uma Investigação Filosófica acerca da Origem das nossas Ideias do Sublime e do Belo*, Edmund Burke
67. *Autobiografia*, John Stuart Mill
68. *Explicação do Pai Nosso*, Martinho Lutero
69. *Arrependimento e Renascimento*, Max Scheler